भृगु नंदी नाडी

शुक्र ग्रह के डीएनए से

कैसे देखें धन योग (अष्टलक्ष्मी योग), नक्षत्र से,
इंदु लग्न से और शुक्र लग्न के साथ

एस. प्रकाश
COSMICKRISHNA

notionpress.com
INDIA · SINGAPORE · MALAYSIA

Copyright © S. Prakash 2023
All Rights Reserved.

ISBN 979-8-88959-684-4

This book has been published with all efforts taken to make the material error-free after the consent of the author. However, the author and the publisher do not assume and hereby disclaim any liability to any party for any loss, damage, or disruption caused by errors or omissions, whether such errors or omissions result from negligence, accident, or any other cause.

While every effort has been made to avoid any mistake or omission, this publication is being sold on the condition and understanding that neither the author nor the publishers or printers would be liable in any manner to any person by reason of any mistake or omission in this publication or for any action taken or omitted to be taken or advice rendered or accepted on the basis of this work. For any defect in printing or binding the publishers will be liable only to replace the defective copy by another copy of this work then available.

पहला संस्करण: फ़रवरी/मार्च **2023**
संपर्क: **kaalhasthi@gmail.com & Cosmikkrishnaa@gmail.com**

वक्रतुण्ड महाकाय सूर्यकोटि समप्रभ।
निर्विघ्नं कुरु मे देव सर्वकार्येषु सर्वदा

संस्थापक: **Kaalhasthi** ज्योतिष
संस्थापक: **CosmicKrishna**

अंतर्वस्तु

किताब के बारे में 15
मेरी भविष्यवाणी 17
लेखक के बारे में 18
अस्वीकरण 20
लेखक द्वारा लिखित पिछली पुस्तकें 21
मेरी किताब 33
निष्ठा 34
स्वीकृति 35

लक्ष्मी का रहस्य और ऋषि भृगु 37
शुक्र गृह और इसका डीएनए 39
लक्ष्मी का श्राप ऋषि भृगु को 40
शुक्र के कारकत्व पीड़ित डीएनए में 42
भाव, भावेश, धन और लक्ष्मी के लिए कारक 43
घरों और राशियों से धन देखना 44
घरों के माध्यम से धन संयोजन 46
अष्टलक्ष्मी और शुक्र गृह के डीएनए के
साथ इसका संबंध 47

लक्ष्मी और महालक्ष्मी	48
कैसे हुआ महालक्ष्मी और भगवान विष्णु का विवाह	50
कमल लक्ष्मी को प्रिय क्यों है?	52
लक्ष्मी की उत्पत्ति	53
भृगु नंदी नाड़ी में पदम योग	54
श्री सूक्तम	56
वैभव लक्ष्मी	59
कनक धारा स्त्रोत	63
अष्टलक्ष्मी और धन के साथ इसका संबंध	66
शुक्र भृगु नंदी नाड़ी में	67
सूर्य का स्थान शुक्र के साथ	68
चंद्र का स्थान शुक्र के साथ	73
मंगल का स्थान शुक्र के साथ	78
बुध का स्थान शुक्र के साथ	81
गुरु का स्थान शुक्र के साथ	85
शुक्र शनि के साथ युति - आदि लक्ष्मी	91
राहु का स्थान शुक्र के साथ	99
केतु का स्थान शुक्र के साथ	105
इंदु लग्न से वित्तीय संभावनाएं	109
धन के महत्वपूर्ण नक्षत्र	111

अंतर्वस्तु

अश्लेषा नक्षत्र 113
   अश्लेषा नक्षत्र के लिए धन का
   ज्योतिषीय संयोजन.................................. 116

रोहिणी नक्षत्र 117
   रोहिणी नक्षत्र के लिए धन का
   ज्योतिषीय संयोजन.................................. 120

आर्द्रा नक्षत्र - राहु 121
   आर्द्रा नक्षत्र के लिए धन का ज्योतिषीय संयोजन........124

धनिष्ठा नक्षत्र और मंगल................................ 125
   धनिष्ठा नक्षत्र के लिए धन का
   ज्योतिषीय संयोजन.................................. 127

पूर्वा फाल्गुनी नक्षत्र और शुक्र......................... 128
   पूर्वा फाल्गुनी नक्षत्र के लिए धन का
   ज्योतिषीय संयोजन.................................. 130

उत्तराषाढ़ा नक्षत्र और सूर्य............................. 131
   उत्तराषाढ़ा नक्षत्र नक्षत्र के लिए धन
   का ज्योतिषीय संयोजन.............................. 133

मूल नक्षत्र - केतु.. 134
   मूल नक्षत्र के लिए धन का ज्योतिषीय संयोजन....... 136

पूर्वाषाढ़ा नक्षत्र और शुक्र.............................. 137
   पूर्वाषाढ़ा नक्षत्र के लिए धन का
   ज्योतिषीय संयोजन.................................. 139

अंतर्वस्तु

मघा नक्षत्र और केतु	140
मघा नक्षत्र के लिए धन का ज्योतिषीय संयोजन	142
श्रवण नक्षत्र और चंद्रमा	143
श्रवण नक्षत्र के लिए धन का ज्योतिषीय संयोजन	145
उत्तर भाद्रपद नक्षत्र और शनि	146
उत्तर भाद्रपद नक्षत्र के लिए धन का ज्योतिषीय संयोजन	148
ज्येष्ठा नक्षत्र और बुध	149
ज्येष्ठा नक्षत्र के लिए धन का ज्योतिषीय संयोजन	152
हस्त नक्षत्र - चंद्रमा	153
हस्त नक्षत्र के लिए धन का ज्योतिषीय संयोजन	156
शतभिषा नक्षत्र - राहु	157
शतभिषा नक्षत्र के लिए धन का ज्योतिषीय संयोजन	159
अनुराधा नक्षत्र - शनि	160
अनुराधा नक्षत्र के लिए धन का ज्योतिषीय संयोजन	163
कृतिका नक्षत्र	164
कृतिका नक्षत्र के लिए धन का ज्योतिषीय संयोजन	167

स्वाति नक्षत्र और राहु	168
स्वाति नक्षत्र के लिए धन का ज्योतिषीय संयोजन	171
विशाखा नक्षत्र और बृहस्पति	172
विशाखा नक्षत्र के लिए धन का ज्योतिषीय संयोजन	174
रेवती नक्षत्र और बुध	175
रेवती नक्षत्र के लिए धन का ज्योतिषीय संयोजन	177
पुनर्वसु नक्षत्र और बृहस्पति	178
पुनर्वसु नक्षत्र के लिए धन का ज्योतिषीय संयोजन	180
पुष्य नक्षत्र	181
पुष्य नक्षत्र के लिए धन का ज्योतिषीय संयोजन	184
उदाहरण अध्ययन - 1	185
लग्न कुंडली	185
इंदु लग्न	187
शुक्र लग्न	189
उदाहरण अध्ययन - 2	191
लग्न कुंडली	191
इंदु लग्न	193
शुक्र लग्न	194

उदाहरण अध्ययन - 3 197
लग्न कुंडली... 197
इंदु लग्न 199
शुक्र लग्न 200

उदाहरण अध्ययन - 4 202
लग्न कुंडली... 202
इंदु लग्न 204
शुक्र लग्न 205

उदाहरण अध्ययन - 5 208
लग्न कुंडली... 208
इंदु लग्न 210
शुक्र लग्न 211

उदाहरण अध्ययन - 6 213
लग्न कुंडली... 213
इंदु लग्न 215
शुक्र लग्न 216

उदाहरण अध्ययन - 7 219
लग्न कुंडली... 219
इंदु लग्न 221
शुक्र लग्न 222

उदाहरण अध्ययन - 8 224
लग्न कुंडली... 224

इंदु लग्न	226
शुक्र लग्न	227
उदाहरण अध्ययन - 9	**229**
लग्न कुंडली	229
इंदु लग्न	231
शुक्र लग्न	233
उदाहरण अध्ययन - 10	**235**
लग्न कुंडली	235
इंदु लग्न	237
शुक्र लग्न	239
उदाहरण अध्ययन - 11	**242**
लग्न कुंडली	242
इंदु लग्न	243
शुक्र लग्न	244
उदाहरण अध्ययन - 12	**246**
लग्न कुंडली	246
इंदु लग्न	248
शुक्र लग्न	249
उदाहरण अध्ययन - 13	**250**
लग्न कुंडली	250
इंदु लग्न	252
शुक्र लग्न	253

उदाहरण अध्ययन - 14 255
लग्न कुंडली 255
इंदु लग्न 257
शुक्र लग्न 258

उदाहरण अध्ययन - 15 259
लग्न कुंडली 259
इंदु लग्न 261
शुक्र लग्न 262

उदाहरण अध्ययन - 16 263
लग्न कुंडली 263
इंदु लग्न 265
शुक्र लग्न 266

उदाहरण अध्ययन - 17 269
लग्न कुंडली 269
इंदु लग्न 271
शुक्र लग्न 272

उदाहरण अध्ययन - 18 273
लग्न कुंडली 273
इंदु लग्न 275
शुक्र लग्न 276

अंतर्वस्तु

उदाहरण अध्ययन - 19 278
    लग्न कुंडली... 278
    इंदु लग्न 280
    शुक्र लग्न 281

उदाहरण अध्ययन - 20 282
    लग्न कुंडली... 282
    इंदु लग्न 284
    शुक्र लग्न 285

उदाहरण अध्ययन - 21 289
    लग्न कुंडली... 289
    इंदु लग्न 290
    शुक्र लग्न 291

उदाहरण अध्ययन - 22 293
    लग्न कुंडली... 293
    इंदु लग्न 295
    शुक्र लग्न 296

पाठ्यक्रम और परामर्श *299*
मुझसे संपर्क करें *301*

किताब के बारे में

यह पुस्तक ज्योतिष की विभिन्न शाखाओं के निम्न सिद्धांतों से धन को डिकोड करने के बारे में है:

1. शुक्र लग्न के साथ भृगु नंदी नाड़ी की अष्टलक्ष्मी से धन का डिकोडिंग।

2. इंदु लग्न से धन का डिकोडिंग।

3. नक्षत्र योग से धन का डिकोडिंग।

यह पुस्तक भृगु नंदी नाड़ी के संबंध में अष्टलक्ष्मी के साथ शुक्र से धन (लक्ष्मी) के ज्योतिषीय संयोजन को सिखाती है। लेखक ने इन्दु लग्न से धन योग देखने के नियम और नक्षत्र से धन योग के देखने के नियम बताए हैं।लेखक ने नीचे उल्लिखित पुस्तकें लिखी हैं:

1. Snapshot prediction through **Yogini Dasha**.
2. Unlock Pitra Dosh with **Lal Kitab** Pending Karma through Shreemad Bhagwat Puran.
3. Unlock Pending Karma and its correction.
4. पिछले जीवन के अधूरे कर्म और उसके सुधार को अनलॉक करें.
5. Unlock Purva Punya and Paap from the stories of 27 Nakshatra.
6. Unlock Luck and Wealth with keys of Dharma.
7. Unlock Marital Curse through **Rashi Tulya Navamsha**.
8. Autism in Medical Astrology.
9. DNA Astrology of Wealth through Nakshatra with **Bhrighu Nandi Nadi**.
10. Business Yoga with Bhava Bala and **Apokilam Houses with D10 Chart**.
11. **Prashna Kundali** and Saptarishis in Manvantara and Yugas - Plan of Brahma in Creation of Universe.
12. **Destiny Vs Karma** (Free-Will) Through **DNA Astrology** from Past Life Karma.

लेखक का अपना यूट्यूब चैनल निम्नलिखित नाम से है: **CosmicKrishna**

इस चैनल पर आपको कई ज्योतिषीय वीडियो और सभी कोर्स की झलक मिल जाएगी।

एस. प्रकाश

मेरी भविष्यवाणी

मेरी भविष्यवाणियां (व्हाट्सएप चैट ट्रांसक्रिप्ट) मेरी वेबसाइट और मेरे फेसबुक पेज पर हैं।

वेबसाइट

Https://www.kaalhasthiastrologer.com

Facebook

facebook.com/kaalhasthi.astro

YouTube channel

CosmicKrishna

https://www.youtube.com/channel/UCFObfsKxwkMV-TRk9fbDI2g

लेखक के बारे में

एक विज्ञान स्नातक और परियोजना प्रबंधन प्रमाणित, जो पिछले 17 वर्षों से आई टी में काम कर रहा है। दिल्ली में जन्मे और पले-बढ़े, और बाद में आईटी में अपना करियर बनाने के लिए बैंगलोर चले गए।

वह प्रकृति के एक गहन पर्यवेक्षक है और अपना अधिकांश समय ज्योतिष और अन्य दार्शनिक मामलों जैसे पौराणिक कथाओं और आध्यात्मिकता से संबंधितशोध कार्यों में व्यतीत करते हैं.

दोस्तों और परिचितों के लिए उनकी भविष्यवाणियों के बाद ही यह सच हुआ और फिर उनका एक ज्योतिषी बनना तयहुआ। एक पेशेवर सलाहकार के रूप में, वह जानकारी संकलित करते हैं और कुंडली को डिकोड करने के अपने अनूठे तरीके से समस्याओं का समाधानढूँढ़ते हैं.

एस. प्रकाश 2007 से वैदिक ज्योतिष का अभ्यास कर रहे हैं, जब वे पहली बार अपने गुरु श्री जे एन शर्मा जी से मिले थे और तब से वे ज्योतिष की विभिन्न शाखाओं पर शोध कर रहे हैं, जैसे कि जैमिनी ज्योतिष, लाल किताब ज्योतिष, केपी ज्योतिष, अंक ज्योतिष, चिकित्सा ज्योतिष, प्रश्न, एस्ट्रो वास्तु, और लाल किताब वास्तु।

लेखक के बारे में

एस. प्रकाश ने पिछले कुछ वर्षों में कुण्डली के वंशागत श्रापों और दोषों के गहरे अर्थों को समझने और जीवन के इन रहस्यों को कैसे सुलझाया है, इस पर गहन शोध किया है।

एस. प्रकाश

पौराणिक, आध्यात्मिक ज्योतिषी

पिछले जीवन के लंबित कर्मों के माध्यम से जीवन परिवर्तन कोच

अस्वीकरण

ज्योतिष दिव्य विद्या है, जिससे कोई सहमत हो भी सकता है और नहीं भी, इसलिए यह विभिन्न विश्वास प्रणालियों में बहस का विषय हो सकता है।

ज्योतिष की पद्धति आपके प्रारब्ध (भाग्य) के रूप में वर्तमान जीवन में संचित और प्रकट हुए पिछले श्रापों के बारे में बात करती है।

लेखक ने अपने शोध, अवलोकन और अनुभव का उल्लेख किया है; बहरहाल, पाठकों से अनुरोध है कि सभी संभव पिछले जन्मों के कर्म दर्शन से चार्ट का विश्लेषण करें, इसलिए कृपया किसी एक कथन को पढ़कर किसी निष्कर्ष पर न पहुँचें; इसके बजाय, अपने आंतरिक मार्गदर्शन और अंतर्ज्ञान का उपयोग करें.

लेखक द्वारा लिखित पिछली पुस्तकें

एस.प्रकाश ने पुस्तक लिखी और प्रकाशित की है - "Unlock Pending Karma and its Correction" अंग्रेजी भाषा में।

Law of Karma through Astrology and Transformation through Mythology

पुस्तक दुनिया भर में सभी प्लेटफार्मों पर उपलब्ध है और अमेज़न पर सबसे ज्यादा बिक रही है।

लेखक द्वारा लिखित पिछली पुस्तकें

S. Prakash has written and published his book -
"पिछले जीवन के अधूरे कर्म और उसके सुधार को अनलॉक करें"
in Hindi language.

पिछले जीवन के अधूरे कर्म और उसके सुधार को अनलॉक करें

ज्योतिष के माध्यम से कर्म का नियम और
पौराणिक कथाओं के माध्यम से जीवन परिवर्तन

एस. प्रकाश

लेखक द्वारा लिखित पिछली पुस्तकें

एस.प्रकाश ने पुस्तक लिखी और प्रकाशित की है - "Unlock Purva Punya and Paap from the Stories of 27 Nakshatras" अंग्रेजी भाषा में।

Curses through Medical Astrology

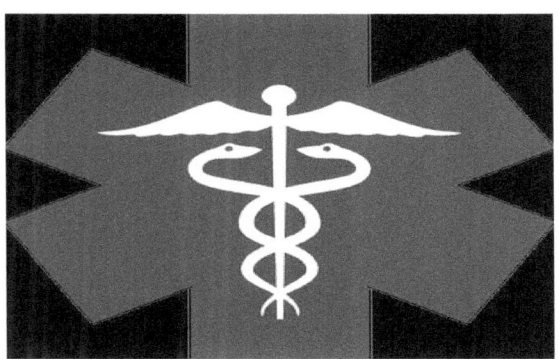

एस.प्रकाश ने पुस्तक लिखी और प्रकाशित की है – "Unlock Luck and Wealth with the Keys of Dharma" अंग्रेजी भाषा में।

Pending Karma of Atonement of Your Sins and Activation of Lakshmi

लेखक द्वारा लिखित पिछली पुस्तकें

एस.प्रकाश ने पुस्तक लिखी और प्रकाशित की है – "Snapshot Prediction through Yogini and Vimshottari Dasha" अंग्रेजी भाषा में।

How to time the buying of a Property in Vedic Astrology with composite technique

एस.प्रकाश ने पुस्तक लिखी और प्रकाशित की है – "Autism in Medical Astrology with Arudha Lagna of Jaimini Jyotish and Chandra Lagna of Parashar Vedic Jyotish" अंग्रेजी भाषा में।

Decoding Past Life Sin through Nakshatra

लेखक द्वारा लिखित पिछली पुस्तकें

एस.प्रकाश ने पुस्तक लिखी और प्रकाशित की है – "Unlock Marital Curse through Rasi Tulya Navamsha" अंग्रेजी भाषा में।

लेखक द्वारा लिखित पिछली पुस्तकें

एस.प्रकाश ने पुस्तक लिखी और प्रकाशित की है – "DNA Astrology of Wealth from the Combination Nakshatras and Bhrigu Nandi Nadi with Venus Lagna" अंग्रेजी भाषा में।

Decoding Wealth from Ashtlakshmi and Indu Lagna

एस.प्रकाश ने पुस्तक लिखी और प्रकाशित की है – "Business Yoga from Bhava Bala and Dashamasha Chart (D10) with Apokilam Houses" अंग्रेजी भाषा में।

Snapshot Technique of AshtakVarga

लेखक द्वारा लिखित पिछली पुस्तकें

एस.प्रकाश ने पुस्तक लिखी और प्रकाशित की है - " "Unlock Pitra Dosh from Mythological Stories of Shrimad Bhagwath Puran with Lal Kitab Pending Karma" अंग्रेजी भाषा में।

लेखक द्वारा लिखित पिछली पुस्तकें

एस.प्रकाश ने पुस्तक लिखी और प्रकाशित की है - Prashna Kundali and Saptarishis in Manvantara and Yugas

Plan of Brahma in creation of Universe

लेखक द्वारा लिखित पिछली पुस्तकें

एस.प्रकाश ने पुस्तक लिखी और प्रकाशित की है

Destiny Vs Karma (Free-Will)

Through DNA Astrology from Past Life Karma

What you Sow, Not always reaped, as God has a better Plan - Inspired by Bhagwad Geeta and Mythologies from puran

मेरी किताब

भृगु नंदी नाडी
शुक्र गृह के डीएनए से

कैसे देखें धन योग (अष्टलक्ष्मी योग), नक्षत्र से, इंदु लग्न से और शुक्र लग्न के साथ

निष्ठा

यह पुस्तक मेरे शिक्षक और मेरे जीवन में प्रेरणा देने वाले मेरे गुरु के प्रति आभार व्यक्त किए बिना पूरी नहीं हो सकती थी। इसलिए, मैं इस पुस्तक को अपने **गुरु - श्री जे एन शर्मा** जी को समर्पित करना चाहता हूं.

मेरी पुस्तक गुरुजी के आशीर्वाद से प्रकाशित हुई है, जिसे मैं उनके चरण कमलों में अर्पित करता हूं.

स्वीकृति

मैं अपने पिता, श्री सत्य प्रकाश गुप्ता और अपनी माता, श्रीमती विजय गुप्ता को उनके आशीर्वाद, मार्गदर्शन और समर्थन के लिए धन्यवाद देना चाहता हूं।

मैं अपने दादा-दादी, **स्वर्गीय श्री देवकी नंदन वार्ष्णेय** और स्वर्गीय श्रीमती **रामकली देवी** को अर्पित करता हूं.

मैं अपनी पत्नी की दादी (श्रीमती माया देवी) को धन्यवाद देना चाहता हूं, जो मेरी किताबें पढ़ती हैं और मुझे ज्योतिष में योगदान देने के लिए प्रेरित करती हैं।
मेरी पत्नी, श्रीमती लवी गुप्ता (शिवानी) और मेरी बेटी, गौरी (गुनिका गुप्ता), ज्योतिष में मेरी रुचि को आगे बढ़ाने के लिए प्रेरित करती हैं.

स्वीकृति

मैं हेमंत कुमार गुप्ता का नाम भी लेना चाहता हूं, जो हमेशा मेरे साथ रामायण, महाभारत, पुराण और वेदों पर चर्चा करते हैं. मैं अपनी बहन, आकांक्षा गुप्ता का पर्याप्त धन्यवाद नहीं कर सकता, जो मेरे पूरे जीवन में एक सपोर्ट सिस्टम रही हैं। मैं हमारे पंडित जी **श्री राम निवास शास्त्री**, श्री भागवत भूषण मिश्रा जी, और श्री अनिल मिश्रा जी से आशीर्वाद लेना चाहता हूं.

लक्ष्मी का रहस्य और ऋषि भृगु

यह पुस्तक शुक्र और भृगु नंदी नाड़ी के साथ डीएनए के जुड़ाव का परिप्रेक्ष्य देता है। भृगु संहिता के लेखक भृगु ऋषि हैं। मेरी पुस्तक शुक्र और उसके कारकत्वों के महत्व पर आधारित है।

शुक्र, शुक्राणु का प्रतिनिधित्व करता है

शुक्र, धन या लक्ष्मी का प्रतिनिधित्व करता है

शुक्र, भृगु कुल (भृगु ऋषि की वंशावली) का प्रतिनिधित्व करता है

शुक्राणु परिवार के वंश या डीएनए को आगे बढ़ाते हैं।

भृगु ऋषि की तीन पत्नियाँ थीं:

भृगु ऋषि को अपनी पत्नी ख्याति, से दो पुत्र, धाता और विधाता और एक पुत्री, लक्ष्मी का जन्म हुआ।

भृगु ऋषि को उनकी दूसरी पत्नी, पुलोमा से, चव्यन ऋषि का जन्म हुआ था।

भृगु ऋषि को उनकी तीसरी पत्नी, दिव्या (हिरणकश्यप की पुत्री) से, शुक्र और त्वष्टा का जन्म हुआ था

देवी लक्ष्मी जिन्हें दुनिया ऐश्वर्य और धन की देवी कहती है। उनका विवाह भगवान विष्णु से हुआ था।

पुस्तक की प्रस्तावना में भृगु नंदी नाड़ी के माध्यम से शुक्र (लक्ष्मी) के साथ अष्ट लक्ष्मी का संबंध दिया है, क्योंकि शुक्राचार्य का जन्म भृगु कुल या भृगु डीएनए में हुआ था।

यदि कुण्डली में शुक्र अच्छी गरिमा में है, तो लक्ष्मी, अष्ट लक्ष्मी के रूप में आगे बढ़ने के लिए बाध्य है डीएनए के रूप में, सही दशा या गोचर में।

बाद के अध्यायों में, मैंने शुक्र को लग्न के रूप में बनाया है और विभिन्न अष्ट लक्ष्मी के रूप के संयोजन को दिखाया है।

शुक्र गृह और इसका डीएनए

कारकत्व - शुक्र गृह के डीएनए में

शुक्र ग्रह आकर्षण, ऐश्वर्य, सौभाग्य, वैभव, धन, प्रेम, सौंदर्य, प्रेम सम्बन्ध, शयन कक्ष, सौंदर्य, संगीत, इत्र, सुगन्ध, सफेद, क्रीम रंग, वाहन, घर की सजावट, ऐश्वर्य, आभूषण, सिल्क, सुख सामग्री, सिनेमा, गाय, कपड़ा, इत्र, दही, कामेच्छा, वीर्य, रूप, धन संपत्ति, इत्यादि का कारक ग्रह है. यदि किसी पर शुक्र गृह की कृपा है तो उसके परिवार के डीएनए में शुक्र संबंधी कारकत्व की कृपा प्राप्त होती है.

जो हार्मोन बनाता है जो सीधे रक्त में जाता है और पूरे शरीर में ऊतकों और अंगों तक जाता है। एंडोक्राइन सिस्टम/ग्रंथियां वृद्धि और विकास, प्रजनन क्षमता सहित शरीर के कई कार्यों को नियंत्रित करने में मदद करती हैं। अंतःस्रावी ग्रंथियों के कुछ उदाहरण **पिट्यूटरी, थायरॉयड** और अधिवृक्क ग्रंथियां हैं। **एंडोक्राइन सिस्टम में हाइपोथैलेमस, पीनियल ग्रंथि, पिट्यूटरी ग्रंथि, थायरॉयड ग्रंथि, पैराथायरायड ग्रंथियां, थाइमस, अधिवृक्क ग्रंथियां, अंडाशय, वृषण** शामिल हैं. पुरुषों में वृषण और महिलाओं में अंडाशय और प्लेसेंटा (गर्भावस्था के दौरान) भी शामिल हैं.

लक्ष्मी का श्राप ऋषि भृगु को

एक बार ऋषि और महर्षि सभी अपने आराध्यदेव को श्रेष्ठ बताने लगे। महर्षि भृगु को यह कार्य त्रिदेवों की श्रेष्ठता की परीक्षा में मिला।

वह वैकुंठ में गए जहां भगवान विष्णु शेषनाग पर विश्राम कर रहे थे और मां लक्ष्मी उनके पैर दबा रही थी। महर्षि भृगु ने क्रोध के कारण भगवान विष्णु के छाती में लात मारी। उस समय भगवान विष्णु ने भृगु ऋषि के चरणों को अपने हाथों में थाम लिया और कहा महर्षि मेरी छाती बहुत ही कठोर है आप के चरणों में चोट तो नहीं आई। भगवान विष्णु के इतना ही कहते हैं भृगु ऋषि ने दोनों हाथ जोड़ लिए और कहने लगे प्रभु आप ही सबसे सहनशील देवता हैं इसलिये यज्ञ भाग के प्रमुख अधिकारी आप ही हैं और भृगु ऋषि ने भगवान विष्णु को सर्वश्रेष्ठ घोषित किया।

देवी लक्ष्मी को अपने पति का यह अपमान सहन नहीं हुआ। और वह विष्णु जी से नाराज हो गईं. वह इस बात से नाराज थीं कि भगवान विष्णु ने भृगु ऋषि को दंड क्यों नहीं दिया. उन्होंने क्रोध में आकर अपने पिता भृगु को श्राप दे दिया कि उनके वंशज हमेशा दरिद्र रहेंगे और भिक्षा मांगकर अपना जीवन व्यतीत करेंगे।

महर्षि भृगु ने देवी लक्ष्मी के इस श्राप को स्वीकार किया और वहां से चले गए। महर्षि भृगु का वंश दरिद्र न रहे और अपने जीवन का निर्वाह कर सके, उद्देश्य से ज्योतिष शास्त्र की रचना करने का निश्चय किया और कुछ समय बाद महर्षि भृगु ने महान ज्योतिष ग्रंथ भृगु संहिता की रचना की।

शुक्र के कारकत्व पीड़ित डीएनए में

शुक्र पाप ग्रह से पीड़ित।

- शुक्र केतु के साथ
- शुक्र के साथ सूर्य
- शुक्र के साथ मंगल
- शुक्र राहु के साथ
- शनि के साथ शुक्र
- शुक्र पाप कर्तरी में है

  - शुक्र दुर्बल है और पाप ग्रह से दृष्ट है या पाप ग्रह से युक्त है।
  - शुक्र वक्री है
  - शुक्र अस्त है
  - शुक्र राहु और केतु के नक्षत्र में।

भाव, भावेश, धन और लक्ष्मी के लिए कारक

- **भाव**

दूसरा, पांचवां, नौवां और ग्यारहवां घर

- **भावेश**

केंद्र और त्रिकोण स्वामी की युति धन देने वाले घरों के साथ।

- **कारक ग्रह**

शुक्र, बुध, गुरु और चंद्रमा

- **अवरोधक ग्रह**

शनि, राहु और केतु

घरों और राशियों से धन देखना

द्वितीय भाव और वृष राशि

शुक्र प्रतिनिधित्व करता है - विलासिता

वृष राशि प्रतिनिधित्व करता है - धन

शुक्र प्रतिनिधित्व करता है - मां लक्ष्मी

वृषभ राशि कालपुरुष के दूसरे भाव का प्रतिनिधित्व करती है

रोहिणी नक्षत्र वृष राशि में आता है

शुक्र वृष राशि का स्वामी है

पंचम भाव और सिंह राशि

सूर्य प्रतिनिधित्व करता है - महिमा

सिंह राशि - प्रसिद्धि का प्रतिनिधित्व करती है

सूर्य प्रतिनिधित्व करता है - भगवान विष्णु

सिंह राशि प्रतिनिधित्व करता है - भगवान सूर्य

केतु प्रतिनिधित्व करता है - ध्वज

ग्यारहवां घर और कुंभ राशि

शनि प्रतिनिधित्व करता है - कर्म

कुंभ राशि प्रतिनिधित्व करता है - लाभ

नवम भाव और धनु राशि

बृहस्पति प्रतिनिधित्व करता है - पूर्वजों का आशीर्वाद

धनु राशि - भाग्य का प्रतिनिधित्व करती है

घरों के माध्यम से धन संयोजन

- दूसरा घर - धन - अर्थ का प्रतिनिधित्व करता है
- एकादश भाव दर्शाता है - लाभ - काम भाव
- पंचम भाव लक्ष्मी स्थान का प्रतिनिधित्व करता है
- नवम भाव - भाग्य, लक्ष्मी स्थान का प्रतिनिधित्व करता है
- छठा भाव दर्शाता है - नौकरी से आय - अर्थ भाव
- सप्तम भाव - व्यवसाय से आय - काम भाव

धन योग

अर्थ त्रिकोण भाव का संबंध काम त्रिकोण भाव से होता है।

अर्थ (2, 6, 10)
काम (3, 7, 11)

महा धन योग

अर्थ त्रिकोण भाव और काम त्रिकोण भाव का संबंध धर्म त्रिकोण भाव से होता है।

धर्म (1, 5, 9)
अर्थ (2, 6, 10)
काम (3, 7, 11)

अष्टलक्ष्मी और शुक्र गृह के डीएनए के साथ इसका संबंध

धार्मिक ग्रंथों और पुराणों में मां लक्ष्मी के 8 रूपों का वर्णन मिलता है, जिन्हें अष्ट लक्ष्मी कहा जाता है। अपने नाम और रूप के अनुसार मां के ये आठ लक्ष्मी रूप से सुख-समृद्धि प्रदान करने वाले हैं।

विजया लक्ष्मी - बीएनएन में विजया लक्ष्मी स्वरूप

धान्य लक्ष्मी - फसल और अनाज की देवी

वीर लक्ष्मी और धैर्य लक्ष्मी

विद्या लक्ष्मी - ज्ञान और ज्ञान की देवी

संतान लक्ष्मी - संतान और संतान की देवी

आदि लक्ष्मी - आदि माता देवी

धन लक्ष्मी - भौतिक धन की देवी

गज लक्ष्मी - शक्ति और शक्ति की देवी

लक्ष्मी और महालक्ष्मी

कौन सा ग्रह धन देता है?

सात्विक- सूर्य, चंद्रमा और बृहस्पति

राजसिक- बुध, शुक्र

तामसिक- शनि, मंगल, राहु, केतु

लक्ष्मी और महालक्ष्मी के रूप

यदि लक्ष्मी को भगवान विष्णु के साथ जोड़ा जाता है, तो उन्हें लक्ष्मी या श्रीदेवी माना जाता है। उनकी मूर्ति में उन्हें दो भुजाओं के साथ दिखाया गया है।

जब वह अपने सभी व्यक्तिगत स्त्री वैभव के साथ अकेली होती है, तब उसे महालक्ष्मी के रूप में जाना जाता है।

लक्ष्मीजी दो रूपों में देखा जाता है- 1. श्रीरूप और 2. लक्ष्मी रूप। श्रीरूप में वे कमल पर विराजमान हैं और लक्ष्मी रूप में वे भगवान विष्णु के साथ हैं

एक अन्य मान्यता के अनुसार लक्ष्मी के दो रूप हैं- भूदेवी और श्रीदेवी। भूदेवी धरती की देवी हैं और श्रीदेवी स्वर्ग की देवी और चंचल हैं।

महालक्ष्मी विष्णु के चरणों में हैं। शास्त्रों के अनुसार महालक्ष्मी कभी भी भगवान विष्णु का साथ नहीं छोड़ती हैं। जहां भगवान विष्णु होंगे वहां मां लक्ष्मी स्वयं आएंगी। पुराणों के अनुसार लक्ष्मी पूजा तभी सफल होती है जब गणेश वंदना के बाद लक्ष्मी नारायण की पूजा की जाती है.

कैसे हुआ महालक्ष्मी और भगवान विष्णु का विवाह

किवदंतियों के अनुसार एक बार लक्ष्मी जी के स्वयंवर का आयोजन किया गया जिसमें उन्होंने भगवान विष्णु को अपना पति स्वीकार किया तो नारद जी ने सोचा कि यह राजकुमारी उन्हें हरि रूप में स्वीकार करेगी लेकिन उन्होंने भगवान विष्णु के गले में वरमाला डाल दी। यहीं पर नारद ने भगवान विष्णु को पृथ्वी पर जन्म लेने और अपनी पत्नी से अलग होने का श्राप दिया था।

माता लक्ष्मी का अवतार

बैकुंठ में लक्ष्मी का वास है। समुद्र मंथन की लक्ष्मी को धन की देवी माना जाता है। उनके हाथ में कलश है। इस कलश द्वारा लक्ष्मीजी धन की वर्षा करती हैं। उनके वाहन को सफेद हाथी माना जाता है। धन की देवी लक्ष्मी भगवान विष्णु की पत्नी होते हुए भी चंचल हैं। भगवान विष्णु जो गंभीर और धैर्यवान हैं, जिनका स्वरूप शाश्वत और चिरस्थायी है, जबकि उनकी पत्नी लक्ष्मी चंचला हैं, वे स्थायी नहीं हैं। वह कहीं भी अधिक समय तक नहीं रहती है।

एक बार नारद जी ने अपने पिता ब्रह्मा जी से यह प्रश्न किया कि "लक्ष्मी चंचल क्यों है" तो उत्तर में ब्रह्मा जी ने कहा, "यदि किसी के यहां लक्ष्मी स्थायी हो जाए तो वह व्यक्ति पृथ्वी पर सब प्रकार के कुकर्म करेगा।" इसलिए

कुछ समय बाद लक्ष्मी उससे दूर हो जाती हैं। इसलिए लक्ष्मी जी को चंचला कहा जाता है.

धन और ऐश्वर्य के चक्कर में जीव यह भूल जाता है कि यह उसके पूर्व जन्म के पुण्य कर्मों का फल है, जो उसे ऐश्वर्य के रूप में प्राप्त हुआ है।

कमल लक्ष्मी को प्रिय क्यों है?

सौभाग्य और धन की देवी लक्ष्मी को कमल का फूल सबसे प्रिय फूल है। कमल को सौभाग्य का प्रतीक माना जाता है और देवी लक्ष्मी कमल पर विराजमान होती हैं। इसलिए उनका कमल से संबंध अपरिहार्य प्रतीत होता है। लक्ष्मी जी का जन्म कमल से माना गया है, इसलिए इन्हें पंकजा भी कहा जाता है। यह एक सात्विक फूल है.

मिट्टी में पैदा होकर भी वह पवित्र है। पानी में रहते हुए भी इसके पत्तों पर पानी की एक बूंद भी नहीं ठहरती। कमल से संकेत मिलता है कि मनुष्य को संसार रूपी कीचड़ में नहीं डूबना चाहिए बल्कि ऐसा कर्म करना चाहिए जो उसे कमल के समान ऊंचा रखे। क्षीरसागर में भगवान विष्णु के साथ कमल पर वास करती हैं। माता लक्ष्मी हमेशा भगवान विष्णु के साथ वैकुण्ठ धाम में विराजती हैं। भगवान विष्णु और धन की देवी लक्ष्मी दोनों एक दूसरे के पूरक हैं।

शास्त्रों में लक्ष्मी के चार वाहन बताए गए हैं- **गरुड़, उल्लू** (देवी लक्ष्मी का वाहन), **हाथी** (देवी महालक्ष्मी का वाहन) **और कमल। उल्लू लक्ष्मी का तामसिक वाहन है, गरुड़ सात्विक है, और हाथी और कमल शाही वाहन हैं।** कमल को ऐश्वर्य से जोड़ा जाता है इसलिए समृद्धि के पर्याय के रूप में कमल उन्हें अत्यंत प्रिय है।

भगवान विष्णु कहते हैं कि शनि देव जाते हुए अच्छे लगते हैं और लक्ष्मी जी आती हुई अच्छी लगती है.

लक्ष्मी की उत्पत्ति

समुद्र मंथन

समुद्र मंथन से उत्तपन लक्ष्मी को कमला कहते हैं जो दस महाविद्याओं में से अंतिम महाविद्या है।

विष्णु पुराण में समुद्र मंथन का उल्लेख है। इसमें वर्णित कथा के अनुसार एक बार महर्षि दुर्वासा के श्राप के कारण स्वर्ग ने अपना धन और वैभव खो दिया।

तब सभी देवता भगवान विष्णु के पास गए और उन्होंने मंथन की विधि बताई और यह भी बताया कि समुद्र मंथन से अमृत निकलेगा, जिसके बाद वे अमर हो जाएंगे।

वासुकी नाग और मंदराचल पर्वत की सहायता से समुद्र मंथन किया गया था। समुद्र मंथन से उच्चैश्रवा घोड़ा, ऐरावत हाथी, लक्ष्मी, भगवान धन्वंतरि सहित 14 रत्न निकले थे।

भगवान विष्णु द्वारा समुद्र मंथन के मुख्य उद्देश्यों में से एक देवी लक्ष्मी को पुनः प्राप्त करना था। जब समुद्र मंथन हुआ तो देवी लक्ष्मी फिर से निकलीं। बाहर आकर वह भगवान विष्णु के पास गई।

जीवन प्रबंधन के दृष्टिकोण से, लक्ष्मी धन, वैभव, ऐश्वर्य और अन्य सांसारिक सुखों का प्रतीक है.

भृगु नंदी नाड़ी में पदम योग

लक्ष्मी और कमल

यह योग जल तत्व में बनता है

केतु प्रतिनिधित्व करता है - जड़

शुक्र प्रतिनिधित्व करता है - कमल या पदम का फूल

केतु+शुक्र योग, जल राशि में युति बनाता है। शुक्र कमल का कारक है और केतु कमल के तने को इंगित करता है और इसलिए पानी के राशि में खिलते हुए कमल को दर्शाता है, जो देवी लक्ष्मी और भगवान विष्णु के शुभ पदम योग का पर्याय है।

आइए नीचे दिए गए उदाहरणों के माध्यम से देखें:

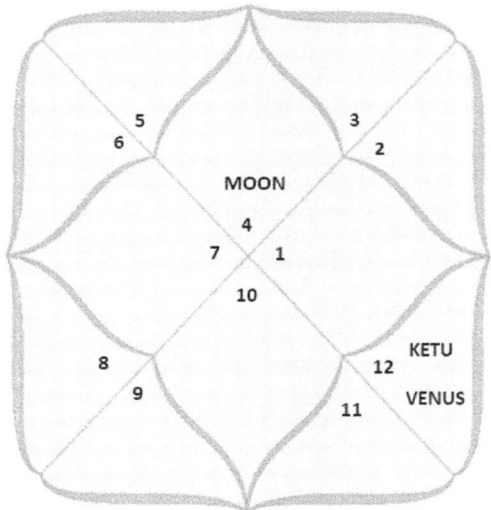

5
6
3
2
4
7
1
10
KETU 8
9
12 VENUS
11

VENUS
KETU
8
10
11
7
9
MOON
12
6
3
1
2
5
4

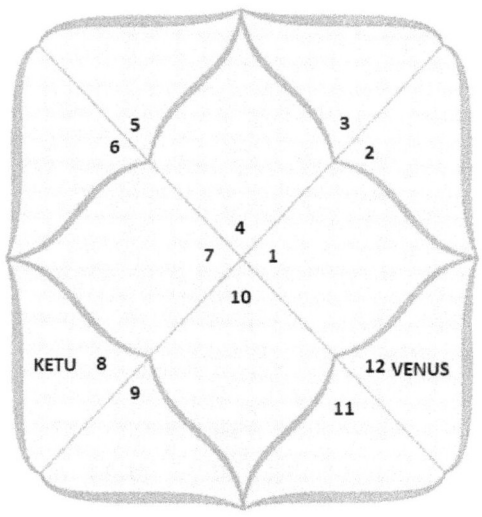

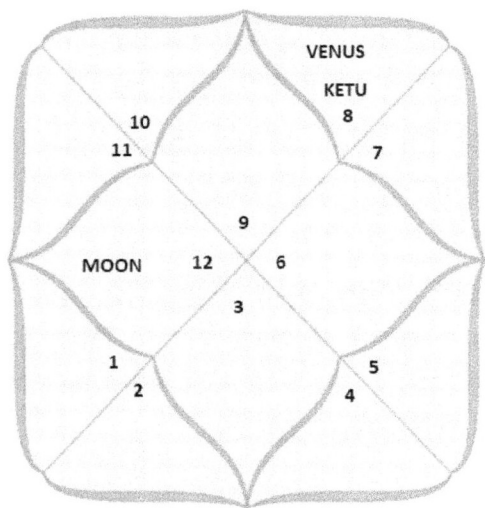

श्री सूक्तम

संसार में शायद ही कोई ऐसा व्यक्ति होगा जो लक्ष्मी की कृपा से सुख-समृद्धि और सफलता की कामना न करता हो।

सभी चाहते हैं कि उनके घर में हमेशा लक्ष्मी का वास रहे। ऋग्वेद में कहा गया है कि 'श्री-सूक्त' का पाठ करने से सभी मनोवांछित मनोकामनाएं पूरी होती हैं।

यदि कोई दीपावली के दिन अमावस्या की रात को श्री सूक्त का पाठ और मंत्र जाप करता है तो उसकी मनोकामना पूरी होती है।

श्री सूक्तम को श्री सूक्त के रूप में भी जाना जाता है, देवी लक्ष्मी को समर्पित एक भक्ति भजन है जिसे पवित्र हिंदू शास्त्र - ऋग्वेद में महान संतों द्वारा सुनाया गया है।

हिंदू धर्म में देवी लक्ष्मी को धन, समृद्धि, आनंद और वैभव की देवी माना जाता है। श्री सूक्त के पाठ से महालक्ष्मी की कृपा प्राप्त होती है।

यह मां लक्ष्मी की पूजा करने के सर्वोत्तम तरीकों में से एक है। श्री यंत्र के सामने श्री सूक्त का पाठ किया जाता है। श्री सूक्त का नियमित जाप करने वाले भक्तों को कभी दरिद्रता का सामना नहीं करना पड़ता।

देवी लक्ष्मी को संस्कृत में 'श्री' कहा जाता है। श्री सूक्त का पाठ समृद्धि, स्वास्थ्य, धन, आनंद और पूर्ण कल्याण का आह्वान करता है.

श्री सूक्त ऋग्वेद के पांचवें मंडल के अंत में उपलब्ध है। सूक्त में मन्त्रों की संख्या पन्द्रह है। सोलहवें मंत्र में फलश्रुति है।

हिरण्यवर्णां हरिणीं, सुवर्णरजतस्त्रजाम्।
चन्द्रां हिरण्मयीं लक्ष्मीं, जातवेदो म आवह।।

तां म आवह जातवेदो, लक्ष्मीमनपगामिनीम्।
यस्यां हिरण्यं विन्देयं, गामश्वं पुरूषानहम्।।

अश्वपूर्वां रथमध्यां, हस्तिनादप्रमोदिनीम्।
श्रियं देवीमुप ह्वये, श्रीर्मा देवी जुषताम् ।।

कां सोस्मितां हिरण्यप्राकारामार्द्रां ज्वलन्तीं तृप्तां तर्पयन्तीम्।
पद्मे स्थितां पद्मवर्णां त्वामिहोपह्वये श्रियम्।।

चन्द्रां प्रभासां यशसा ज्वलन्तीं श्रियं लोके देवजुष्टामुदाराम्।
तां पद्मिनीमीं शरणं प्रपद्ये अलक्ष्मीर्मे नश्यतां त्वां वृणे।।

आदित्यवर्णे तपसोऽधि जातो वनस्पतिस्तव वृक्षोऽक्ष बिल्वः।
तस्य फलानि तपसा नुदन्तु मायान्तरायाश्च बाह्याअलक्ष्मीः।।

उपैतु मां देवसखः, कीर्तिश्च मणिना सह।
प्रादुर्भूतोऽस्मि राष्ट्रेऽस्मिन्, कीर्तिवृद्धिं ददातु मे।।

क्षुत्पिपासा मलां ज्येष्ठामलक्ष्मीं नाशयाम्यहम्।
अभूतिमसमृद्धिं च, सर्वान निर्णुद मे गृहात्।।

गन्धद्वारां दुराधर्षां, नित्यपुष्टां करीषिणीम्।
ईश्वरीं सर्वभूतानां, तामिहोप ह्वये श्रियम्।।

मनसः काममाकूतिं, वाचस्सत्यमशीमहि।
पशूनां रूपमन्नस्य, मयि श्रीः श्रयतां यशः।।

कर्दमेन प्रजा भूता मयि सम्भव कर्दम।
श्रियं वासय मे कुले मातरं पद्ममालिनीम्।।

आपः सृजन्तु स्निग्धानि चिक्लीत वस मे गृहे।
नि च देवीं मातरं श्रियं वासय मे कुले।।

आर्द्रां पुष्करिणीं यष्टिं पिंगलां पद्ममालिनीम्।
चन्द्रां हिरण्मयीं लक्ष्मीं, जातवेदो म आ वह ।।

आर्द्रां य करिणीं पुष्टिं सुवर्णां हेममालिनीम्।
सूर्यां हिरण्मयीं लक्ष्मीं जातवेदो म आ वह ।।

तां म आ वह जातवेदो लक्ष्मीमनपगामिनीम्।
यस्यां हिरण्यं प्रभूतं गावो दास्योऽश्वान् विन्देयं पुरुषानहम्।।

यः शुचिः प्रयतो भूत्वा जुहुयादाज्यमन्वहम्।
सूक्तं पंचदशर्चं च श्रीकामः सततं जपेत्।।

।। इति श्रीसुक्तम समाप्ति ।।

वैभव लक्ष्मी

वैभव माता लक्ष्मी की कहानी शीला और उनके पति से जुड़ी है। शीला और उनके पति ईमानदारी से रहते थे और प्रभु के भजन में अच्छा समय व्यतीत कर रहे थे।

शहर के लोगों ने उनके सुखी वैवाहिक जीवन की सराहना की और शीला का घर खुशी से चल रहा था, लेकिन शीला के पति ने बुरे लोगों से दोस्ती की और वह जल्द से जल्द 'करोड़पति' बनने का सपना देखने लगा। इसलिए वह गलत रास्ते पर चला गया और भिखारी बनकर इधर-उधर भटकता रहा।

शहर में शराब और जुआ फैला हुआ था। शीला का पति भी इसमें फंस गया। उसे भी अपने दोस्तों के साथ मिलकर शराब की लत लग गई थी। अमीर बनने के लालच में वह दोस्तों के साथ जुआ भी खेलने लगा। बचाए हुए पैसे और पत्नी के जेवर, सब कुछ जुए में हार गया।

शीला एक विनम्र महिला थीं। वह अपने पति के व्यवहार से बहुत दुखी थी। लेकिन शीला भगवान पर भरोसा कर भगवान की भक्ति में लीन रहने लगी.

इस प्रकार शीला दु:ख सहती हुई प्रभु भक्ति में अपना समय व्यतीत करने लगी। एक दोपहर अचानक किसी ने उसके दरवाजे पर दस्तक दी। उसने देखा सामने एक बुढ़िया माँ खड़ी है। चेहरे पर तेज और आंखों में अमृत था। उसका भव्य चेहरा करुणा और प्रेम से जगमगा उठा। उसे देखकर

शीला के मन में अपार शांति छा गई। वैसे शीला ने इस मां को नहीं पहचाना। फिर भी उसे देखकर शीला आनंद से भर उठी। शीला झिझकी और उसे फटी चादर पर बिठा दिया। माँ ने पूछा: शीला तुम मुझे पहचानती नहीं हो?

शीला ने झिझकते हुए कहा माँ! मैं आपको पहचान नहीं पा रही हूं, लेकिन आपको देखकर बहुत खुशी हुई। माँ ने कहा तुम मुझे क्यों भूल गए? हर शुक्रवार को लक्ष्मीजी के मंदिर में भजन कीर्तन होता है, हम हर शुक्रवार को मिलते है, अब दिखाई नहीं पड़ते, बीमार हो गए हो क्या? यही सोच कर मिलने आई हूँ।

अपने पति के गलत रास्ते पर जाने से शीला बहुत दुखी हो गई थी और इसीलिए उसने मंदिर जाना बंद कर दिया था। तब माता ने कहा, 'लक्ष्मी के मंदिर में तुम ऐसे मधुर भजन गाया करती थीं।

माता के स्नेह भरे शब्दों से शीला का हृदय द्रवित हो उठा। उसकी आंखों में आंसू आ गए। वह मां के सामने फूट-फूट कर रोने लगी। यह देखकर माता, शीला के सिर पर अपना स्नेहपूर्ण हाथ रखकर सांत्वना देने लगीं।

माता ने कहा- सुख-दुख धूप और छांव के समान हैं। दु:ख के बाद सुख भी आता है।

माता की बात सुनकर शीला के मन को शांति मिली। उसने माँ से कहा कि वे अपना समय भगवान की भक्ति में, शांतिपूर्वक गृहस्थी चलाने में व्यतीत करते थे। अचानक हमारी किस्मत हमारे खिलाफ हो गई। मेरे पति की बुरी

दोस्ती हो गई। इस वजह से वह जुआ जैसी बुरी आदतों का शिकार हो गया और हमने सब कुछ गंवा दिया।

यह सुनकर माता ने कहा, प्रत्येक मनुष्य को अपने कर्मों का फल भोगना पड़ता है। लेकिन आप चिंता न करें और जैसा कि आपने बहुत कुछ सहा है। अब आपके सुख के दिन अवश्य आयेंगे। आप माँ लक्ष्मी के भक्त हैं।

मां लक्ष्मी प्रेम और करुणा की प्रतिमूर्ति हैं। ये अपने भक्तों के प्रति हमेशा स्नेह रखती हैं। इसलिए आपको धैर्य रखना होगा और मां लक्ष्मी के लिए व्रत रखना होगा.

मां लक्ष्मी की बात सुनकर शीला के चेहरे पर चमक आ गई। उसने पूछा 'माँ'! लक्ष्मीजी का व्रत कैसे किया जाता है कृपया मुझे समझाएं।

माँ ने कहा, बेटी! मां लक्ष्मी का व्रत बहुत ही सरल है। इसे वैभवलक्ष्मी व्रत कहते हैं। इस व्रत को करने वालों की सभी मनोकामनाएं पूरी होती हैं। उन्हें सुख-संपत्ति की प्राप्ति होती है।

शीला माता वैभवलक्ष्मी का व्रत करने लगी और उन्होंने अपने पति को प्रसाद दिया। प्रसाद खाते ही पति के स्वभाव में अंतर आ गया और उसने शीला को परेशान करना बंद कर दिया। शीला बहुत खुश थी।

शीला ने पूरी श्रद्धा से 20 शुक्रवार तक वैभवलक्ष्मी का व्रत किया। 21 शुक्रवार को माता के निर्देशानुसार उद्यापन विधि से सात महिलाओं को वैभवलक्ष्मी व्रत की सात पुस्तकें भेंट की.

फिर माता के धनलक्ष्मी स्वरूप की पूजा कर मन ही मन प्रार्थना करने लगीं। हे माता धनलक्ष्मी! मैंने आपका वैभवलक्ष्मी व्रत करने का संकल्प लिया था, वह व्रत आज पूर्ण हुआ है।

हे माता! मेरे सारे संकट दूर करो। हम सबका भला करो। यह कहकर उसने लक्ष्मी के धनलक्ष्मी रूप की छवि को प्रणाम किया। इस प्रकार शीला ने शास्त्रीय विधि के अनुसार भक्तिपूर्वक व्रत किया और उसे उसका फल मिला। उसका पति एक अच्छा आदमी बन गया और उसने कड़ी मेहनत की और व्यापार करना शुरू कर दिया। मां वैभव लक्ष्मी की कृपा से शीला के घर में धन आ गया। वैभवलक्ष्मी व्रत का प्रभाव देखकर मोहल्ले की अन्य महिलाएं भी वैभवलक्ष्मी व्रत करने लगीं.

कनक धारा स्त्रोत

कनकधारा स्तोत्र की रचना आदिगुरू शंकराचार्य ने की थी। कनकधारा का अर्थ है सोने की धारा, कहा जाता है कि इस स्तोत्र के माध्यम से माता लक्ष्मी को प्रसन्न करके उन्होंने सोने की वर्षा की।

सिद्ध मंत्र होने के कारण कनकधारा स्तोत्र का पाठ शीघ्र फल देने वाला और दरिद्रता का नाश करने वाला होता है। इसके नियमित पाठ से धन संबंधी सभी प्रकार की बाधाएं दूर होती हैं और महालक्ष्मी की कृपा प्राप्त होती है।

कनक धारा मंत्र एक स्वयं सिद्ध यंत्र है, अत: इस यंत्र की विशेषता यह है कि इसमें किसी प्रकार की विशेष माला, जप, पूजा, अनुष्ठान की मांग नहीं होती, बल्कि इसे दिन में एक बार पढ़ना ही काफी होता है। यह यंत्र केवल मानसिक या मौखिक जप करने से ही फल देने में सक्षम है.

ॐ अङ्गं हरे (हरेः) पुलकभूषणमाश्रयन्ती भृङ्गाऽगनेव मुकुलाभरणं तमालं ।
अंगीकृताऽखिलविभूतिरपाँगलीलामाँगल्यदाऽस्तु मम् मङ्गलदेवतायाः ॥

मुग्धा मुहुर्विदधी वदने मुरारेः प्रेमत्रपा प्रणिहितानि गताऽगतानि ।
मलार्दशोर्मधुकरीव महोत्पले या सा में श्रियं दिशतु सागर सम्भवायाः ॥

विश्वामरेन्द्र पदविभ्रमदानदक्षमानन्दहेतुरधिकं मुरविद्विषोपि ।
ईषन्निषीदतु मयि क्षण मीक्षणार्धमिन्दीवरोदर सहोदरमिन्दीरायाः ॥

आमीलिताक्षमधिगम्य मुदामुकुन्दमानन्द कंदमनिमेषमनंगतन्त्रं ।
आकेकर स्थित कनीतिकपद्मनेत्रं भूत्यै भवेन्मम भुजङ्ग शयाङ्गनायाः ॥

बाह्यन्तरे मुरजितः(मधुजितः) श्रुतकौस्तुभे या हारावलीव हरिनीलमयी विभाति ।
कामप्रदा भगवतोऽपि कटाक्षमाला कल्याणमावहतु में कमलालयायाः ॥

कालाम्बुदालि ललितोरसि कैटभारेर्धाराधरे स्फुरति या तडिदंगनेव ।
मातुः समस्तजगतां महनीयमूर्तिर्भद्राणि में दिशतु भार्गवनंदनायाः ॥

प्राप्तं पदं प्रथमतः किल यत प्रभावान्मांगल्यभाजि मधुमाथिनी मन्मथेन ।
मय्यापतेत्तदिह मन्थरमीक्षणार्धं मन्दालसं च मकरालयकन्यकायाः ॥

दद्याद दयानुपवनो द्रविणाम्बुधारामस्मिन्नकिञ्चन विहङ्गशिशो विषण्णे ।
दुष्कर्मधर्ममपनीय चिराय दूरं नारायणप्रणयिनीनयनाम्बुवाहः ॥

इष्टाविषिशटमतयोऽपि यया दयार्द्रदृष्ट्या त्रिविष्टपपदं सुलभं लभन्ते ।
दृष्टिः प्रहृष्टकमलोदरदीप्तिरिष्टां पुष्टिं कृषीष्ट मम पुष्करविष्टरायाः ॥

गीर्देवतेति गरुड़ध्वजसुन्दरीति शाकम्भरीति शशिशेखरवल्लभेति ।
सृष्टिस्थितिप्रलयकेलिषु संस्थितायै तस्यै नमस्त्रिभुवनैकगुरोस्तरुण्यै ॥

श्रुत्यै नमोऽस्तु शुभकर्मफलप्रसूत्यै रत्यै नमोऽस्तु रमणीय गुणार्णवायै ।
शक्त्यै नमोऽस्तु शतपत्रनिकेतनायै पुष्ट्यै नमोऽस्तु पुरुषोत्तमवल्लभायै ॥

नमोऽस्तु नालीकनिभाननायै नमोऽस्तु दुग्धोदधिजन्मभूत्यै ।
नमोऽस्तु सोमामृतसोदरायै नमोऽस्तु नारायणवल्लभायै ॥

नमोऽस्तु हेमाम्बुज पीठिकायै नमोऽस्तु भूमण्डल नयिकायै ।
नमोऽस्तु देवादि दयापरायै नमोऽस्तु शारङ्गयुध वल्लभायै ॥

नमोऽस्तु देव्यै भृगुनन्दनायै नमोऽस्तु विष्णोरुरसि संस्थितायै ।
नमोऽस्तु लक्ष्म्यै कमलालयायै नमोऽस्तु दामोदरवल्लभायै ॥

नमोऽस्तु कान्त्यै कमलेक्षणायै नमोऽस्तु भूत्यै भुवनप्रसूत्यै
नमोऽस्तु देवादिभिरर्चितायै नमोऽस्तु नन्दात्मजवल्लभायै ॥

सम्पत्कराणि सकलेन्द्रियनंदनानि साम्राज्यदानविभवानि सरोरुहाक्षि।
त्वद्वन्दनानि दुरिताहरणोद्यतानी मामेव मातरनिशं कलयन्तु मान्ये॥

यत्कटाक्षसमुपासनाविधिः सेवकस्य सकलार्थसम्पदः।
सन्तनोति वचनाङ्गमानसैस्त्वां मुरारिहृदयेश्वरीं भजे॥

सरसिजनिलये सरोजहस्ते धवलतमांशुकगन्धमाल्यशोभे।
भगवति हरिवल्लभे मनोज्ञे त्रिभुवनभूतिकरि प्रसीद मह्यं॥

दिग्धस्तिभिः कनककुम्भमुखावसृष्टस्वर्वाहिनीविमलचारुजलप्लुतांगीं।
प्रातर्नमामि जगतां जननीमशेषलोकाधिनाथगृहिणीममृताब्धिपुत्रीं॥

कमले कमलाक्षवल्लभे त्वां करुणापूरतरङ्गीतैरपारङ्गैः।
अवलोकयमांकिञ्चनानां प्रथमं पात्रमकृत्रिमं दयायाः॥

स्तुवन्ति ये स्तुतिभिरमूभिरन्वहं त्रयीमयीं त्रिभुवनमातरं रमां।
गुणाधिका गुरुतरभाग्यभाजिनो(भागिनो) भवन्ति ते भुवि बुधभाविताशयाः॥

ॐ सुवर्णधारास्तोत्रं यच्छंकराचार्य निर्मितं।
त्रिसन्ध्यं यः पठेन्नित्यं स कुबेरसमो भवेत॥

॥ इति श्रीमद्द शंकराचार्य विरचित कनकधारा स्तोत्र सम्पूर्ण॥

अष्टलक्ष्मी और धन के साथ इसका संबंध

हिंदू धर्म में देवी लक्ष्मी को धन, वैभव, संपत्ति और यश की देवी माना जाता है। माना जाता है कि मां लक्ष्मी की कृपा के बिना जीवन में समृद्धि संभव नहीं है।

मां लक्ष्मी कई रूपों में अपने भक्तों की मनोकामनाएं पूरी करती हैं, लेकिन धार्मिक ग्रंथों और पुराणों में मां लक्ष्मी के 8 रूपों का वर्णन मिलता है, जिन्हें अष्ट लक्ष्मी कहा जाता है।

अपने नाम और रूप के अनुसार मां के ये आठ लक्ष्मी रूप भक्तों के दुखों को दूर करने वाले और सुख-समृद्धि प्रदान करने वाले हैं। मैं आपको भृगु नंदी नाड़ी के माध्यम से अष्ट लक्ष्मी के सभी रूपों और उनके सभी स्वरूपों और उनके चित्रण के बारे में बताने जा रहा हूं:

शुक्र भृगु नंदी नाड़ी में

ज्योतिष में, विशेष रूप से भृगु नंदी नाड़ी में, शुक्र देवी लक्ष्मी का पर्याय है। अष्ट-लक्ष्मी की अवधारणा देवी के आठ रूपों का प्रतिनिधित्व करती है जिसमें वह धन के आठ अलग-अलग रूपों की अध्यक्षता करती हैं: ज्ञान से अनाज तक।

भृगु नंदी नाड़ी में, उनके प्रत्येक रूप का संबंध विभिन्न ग्रह संयोजनों से है जो शुक्र से जुड़े हैं.

सूर्य का स्थान शुक्र के साथ

विजया लक्ष्मी - बीएनएन में विजया लक्ष्मी स्वरूप

यदि हम लग्न को शुक्र बनाते हैं, तो सूर्य को बी एन एन के अनुसार विश्लेषण के लिए निम्न विन्यास में रखा जाना चाहिए:

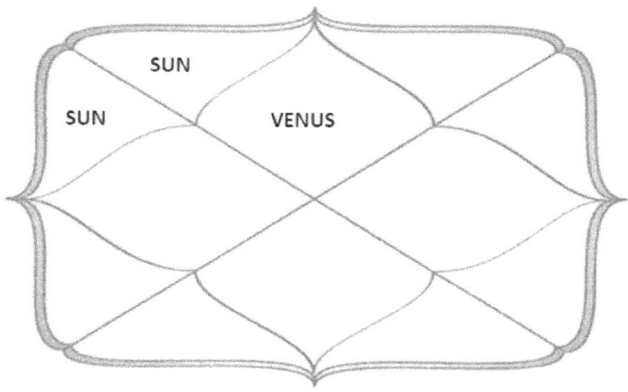

लक्ष्मी का आकलन करने के लिए शुक्र और सूर्य के अन्य विन्यास नीचे दिए गए हैं.

यह 'जया लक्ष्मी' का भी पर्यायवाची है, इस रूप में देवी आठ भुजाओं वाले कमल पर बैठी हैं। यह संयोजन साहस, आत्मविश्वास और निडरता का प्रतिनिधित्व करता है।

विजया जीत का प्रतिनिधित्व करती है, और देवी लक्ष्मी की यह अभिव्यक्ति, जिसका अर्थ है जीवन के सभी क्षेत्रों में सफलता, चाहे वह हमारे जीवन के संघर्षों पर काबू पाना हो।

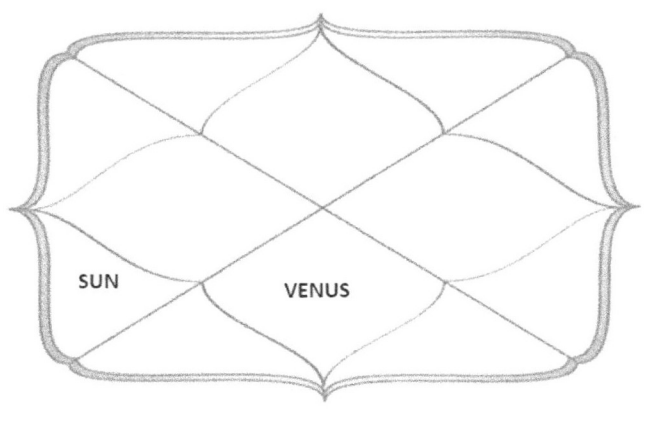

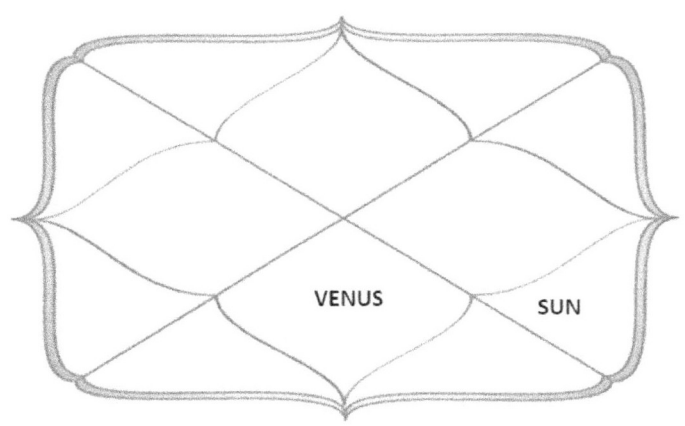

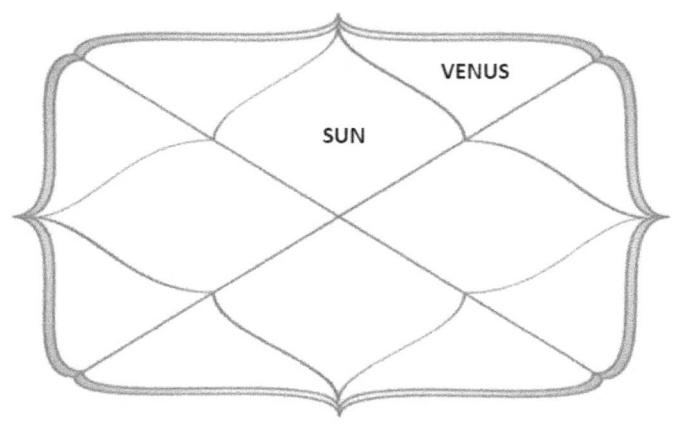

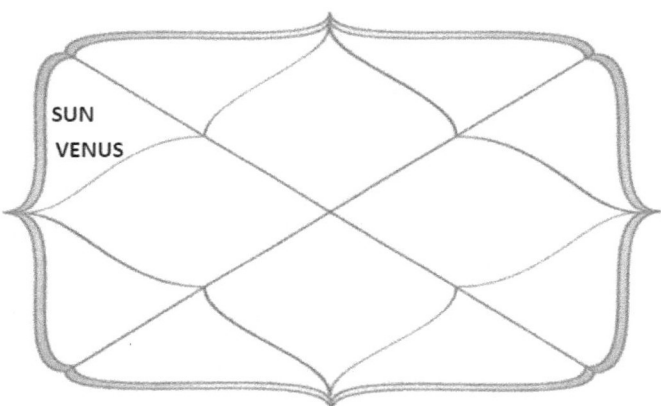

इस रूप को राज्य लक्ष्मी कहा जाता है जो अधिकार, रॉयल्टी और शक्ति का प्रतिनिधित्व करती है जिसका प्रतिनिधित्व सूर्य करता है। यह युति किसी के जीवनसाथी और पिता को बहुत शक्तिशाली बना सकती है.

VENUS
SUN

VENUS
SUN

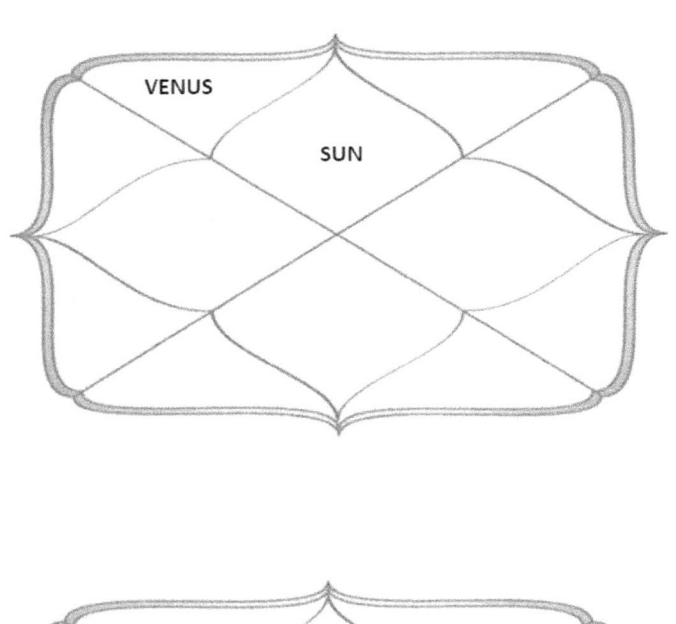

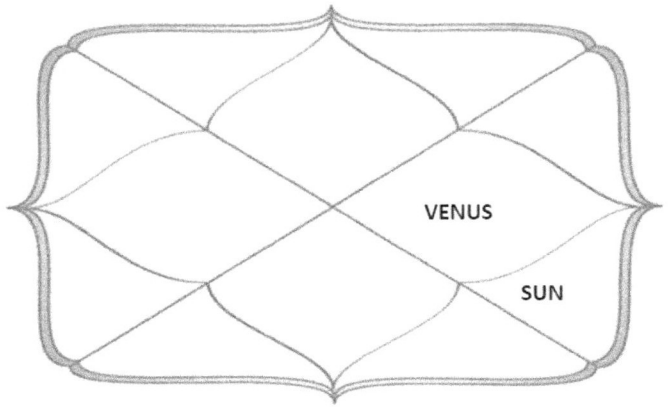

VENUS
SUN

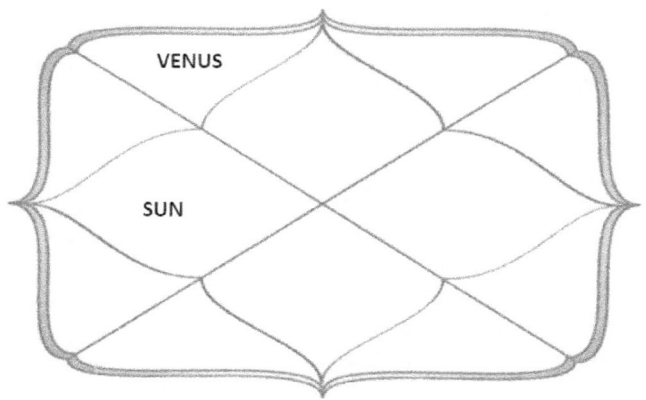

चंद्र का स्थान शुक्र के साथ

धान्य लक्ष्मी - फसल और अनाज की देवी

धान्य लक्ष्मी मां का दूसरा रूप है, ये संसार में धान्य रूप में निवास करती हैं। धान्य लक्ष्मी को मां अन्नपूर्णा का रूप माना जाता है।

धान्य का अर्थ है प्रकृति द्वारा दिया गया अनाज जो हमें अच्छा स्वास्थ्य, पोषण और जीविका प्रदान करता है। अन्न का कभी अनादर नहीं करना चाहिए।

यदि हम लग्न को शुक्र बनाते हैं, तो चंद्रमा को बीएनएन के अनुसार विश्लेषण करने के लिए निम्न विन्यास में से किसी एक में रखा जाना चाहिए:

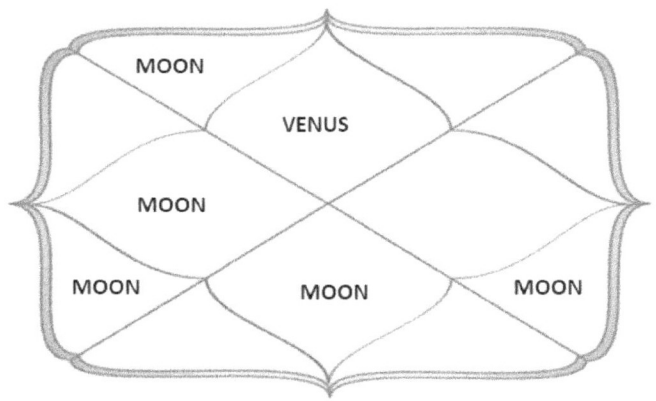

लक्ष्मी का आकलन करने के लिए शुक्र और चंद्रमा के अन्य विन्यास नीचे दिए गए हैं:

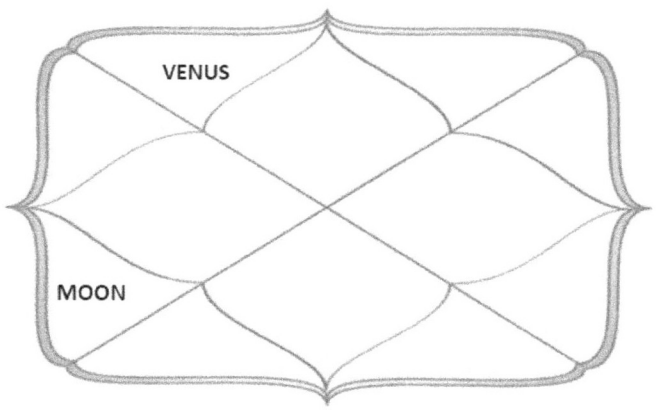

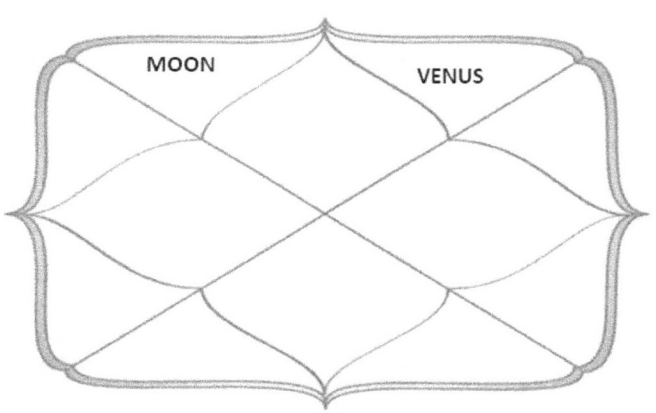

VENUS
MOON

MOON
VENUS

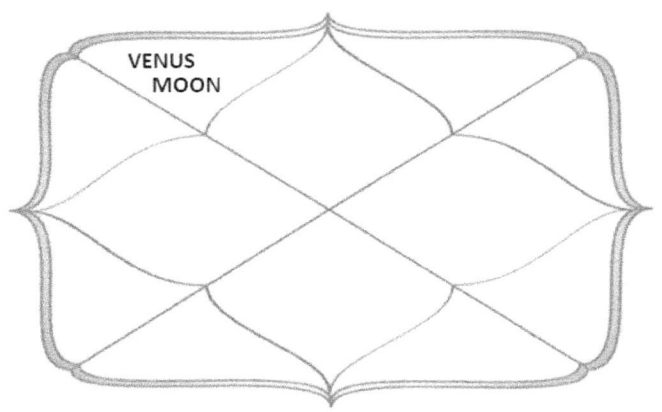

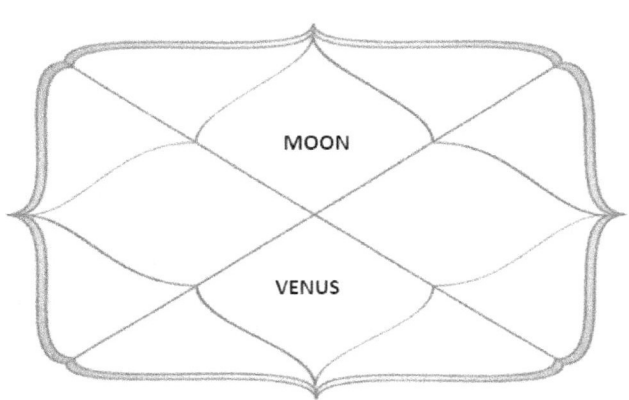

MOON
VENUS

VENUS
MOON

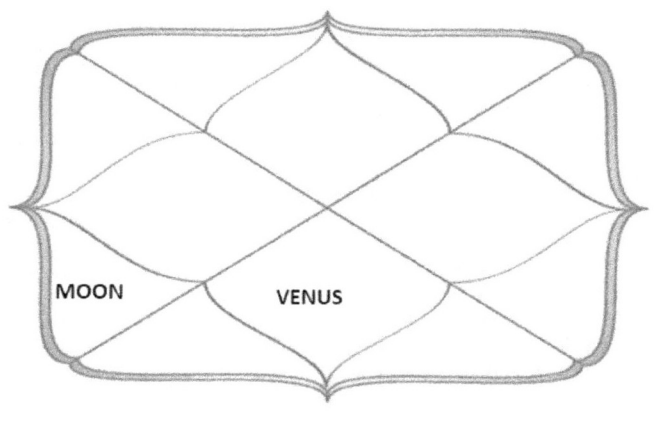

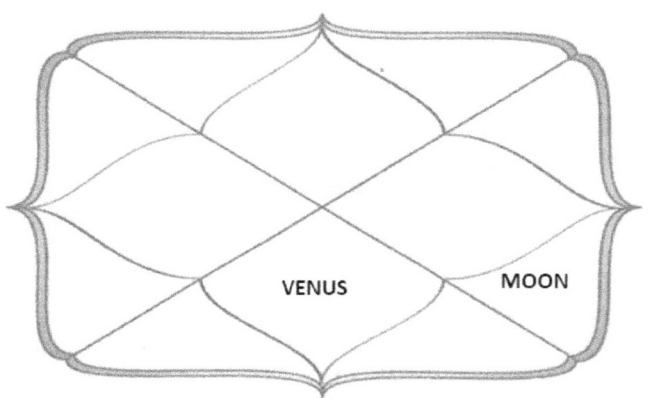

MOON
VENUS

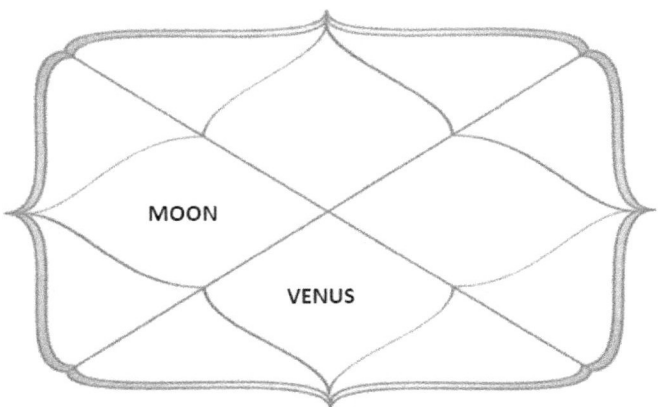

मंगल का स्थान शुक्र के साथ

वीर लक्ष्मी और धैर्य लक्ष्मी

मां लक्ष्मी का यह रूप भक्तों को वीरता, पराक्रम, साहस और धैर्य प्रदान करता है। वीर लक्ष्मी माँ युद्ध में विजय दिलाती हैं। उनके हाथों में तलवार और ढाल जैसे हथियार हैं।

वह दुश्मनों, चुनौतियों, बाधाओं को दूर करने की शक्ति का प्रतिनिधित्व करती है। वह मुसीबत के सामने धैर्य का भी प्रतिनिधित्व करती है।

यदि हम लग्न को शुक्र बनाते हैं, तो मंगल को BNN के अनुसार विश्लेषण के लिए निम्न विन्यास में रखा जाना चाहिए:

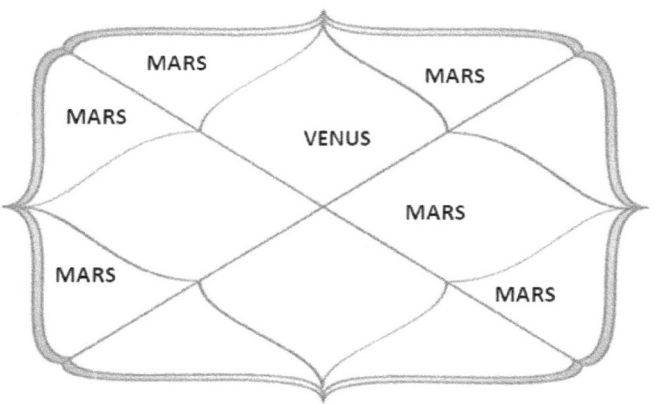

लक्ष्मी का आकलन करने के लिए शुक्र और मंगल के अन्य विन्यास नीचे दिए गए हैं:

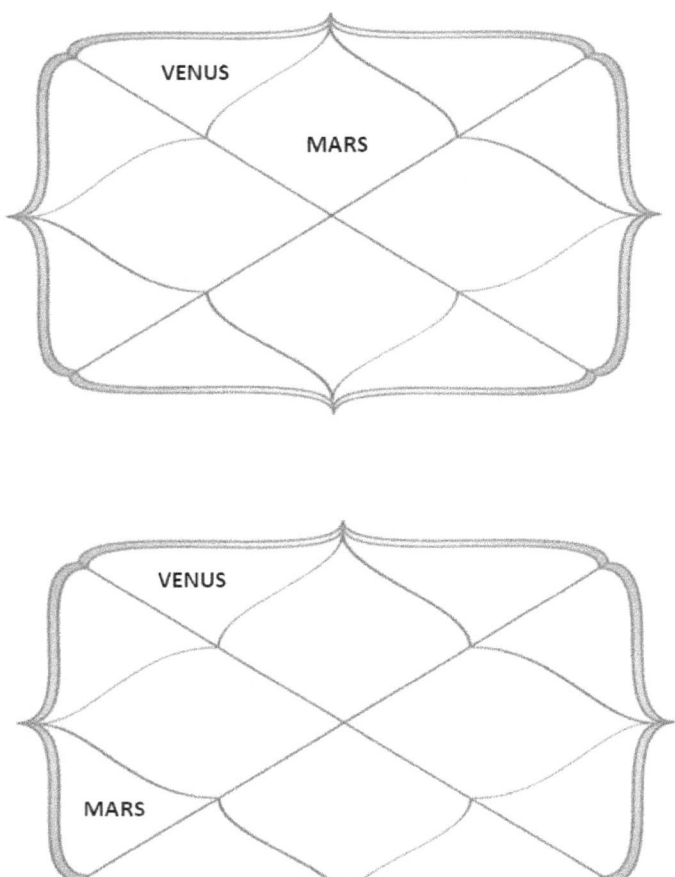

MARS
VENUS

VENUS
MARS

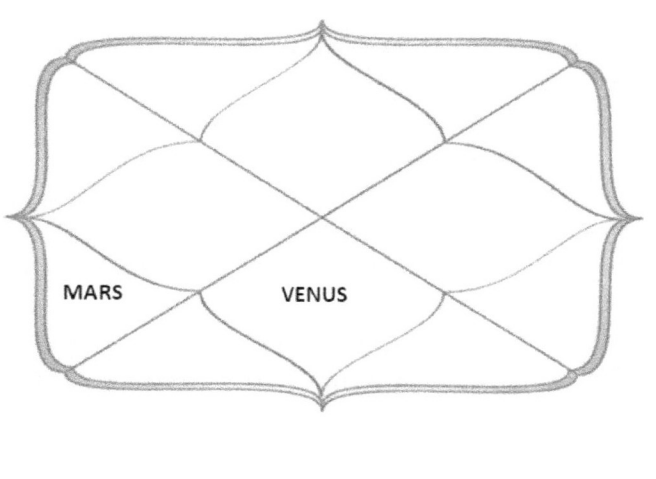

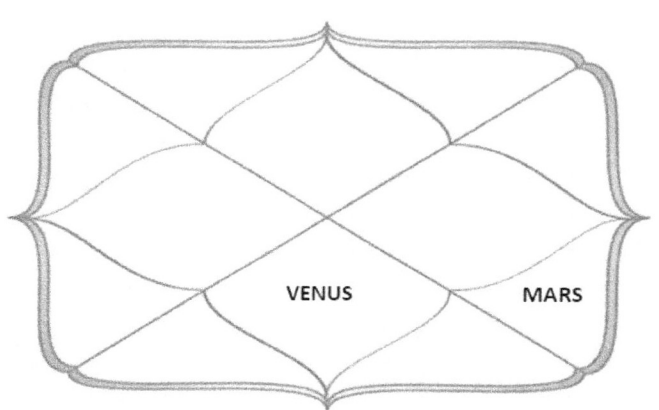

बुध का स्थान शुक्र के साथ

विद्या लक्ष्मी - ज्ञान और ज्ञान की देवी

विद्या का अर्थ है ज्ञान और स्व-शिक्षा का प्रतिनिधित्व करता है जो हमें गुरुओं, शिक्षकों, अनुभवों से और लोगों के अनुभव से सीखने के रूप में मिलता है।

विद्या-लक्ष्मी ज्ञान की देवी हैं जो देवी सरस्वती देवी का पर्याय हैं जिन्हें वेदों, मोर पंख और एक लेखन स्क्रॉल को पकड़े हुए भी चित्रित किया गया है।

यदि हम लग्न को शुक्र बनाते हैं, तो बुध को बीएनएन के अनुसार विश्लेषण के लिए निम्न विन्यास में रखा जाना चाहिए:

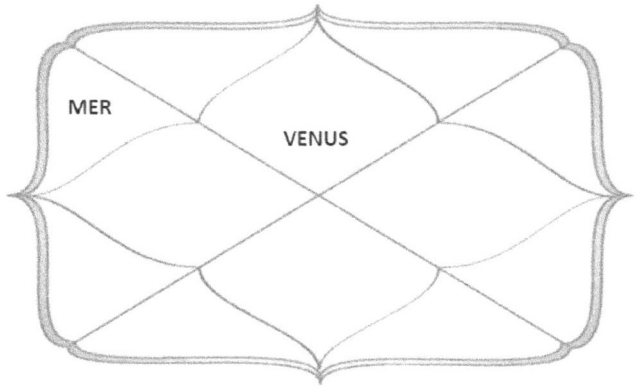

VENUS
MER

MER
VENUS

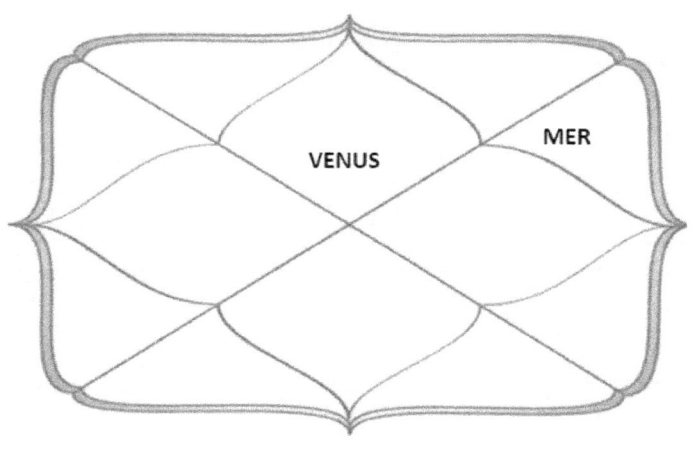

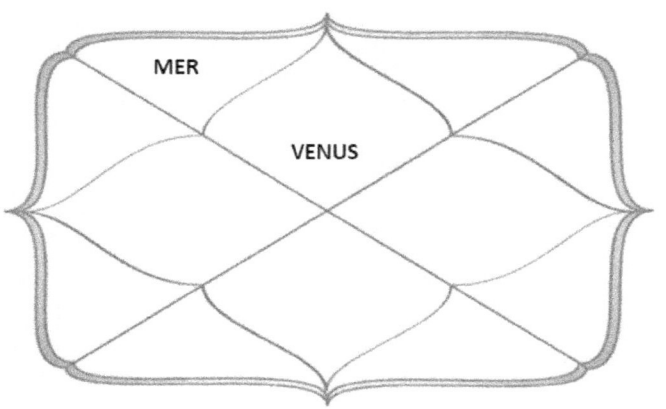

लक्ष्मी का आकलन करने के लिए शुक्र और बुध के अन्य विन्यास नीचे दिए गए हैं:

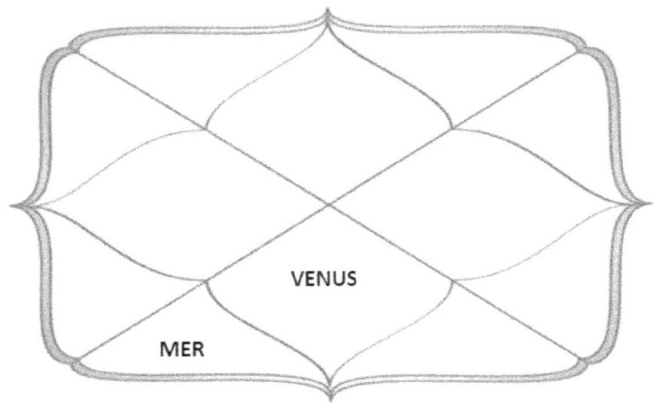

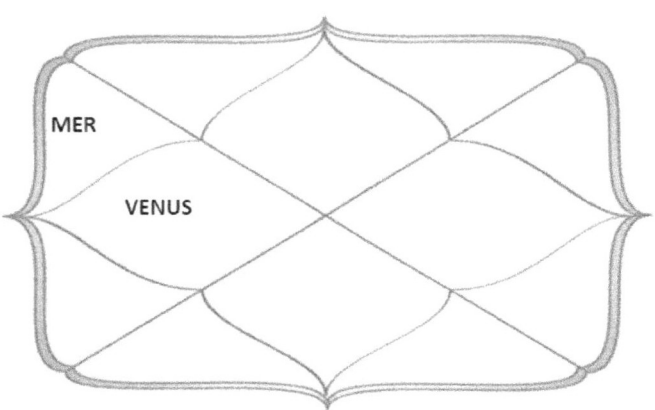

VENUS
MER

VENUS
MER
VENUS
MER
VENUS
MER

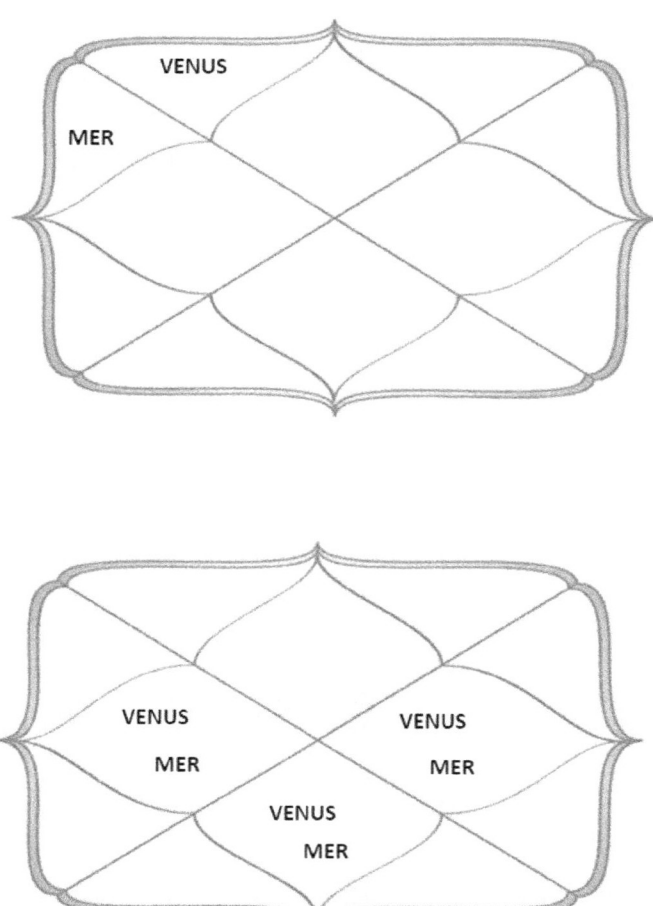

गुरु का स्थान शुक्र के साथ

संतान लक्ष्मी - संतान और संतान की देवी

संतान लक्ष्मी को स्कंदमाता के नाम से भी जाना जाता है। इनकी चार भुजाएँ हैं और ये बालक रूप में कुमार स्कंद को गोद में लिए बैठी हैं। ऐसा माना जाता है कि संतान लक्ष्मी अपने बच्चों के रूप में भक्तों की रक्षा करती हैं.

यदि हम लग्न को शुक्र बनाते हैं, तो बृहस्पति को बीएनएन के अनुसार विश्लेषण के लिए निम्न विन्यास में रखा जाना चाहिए

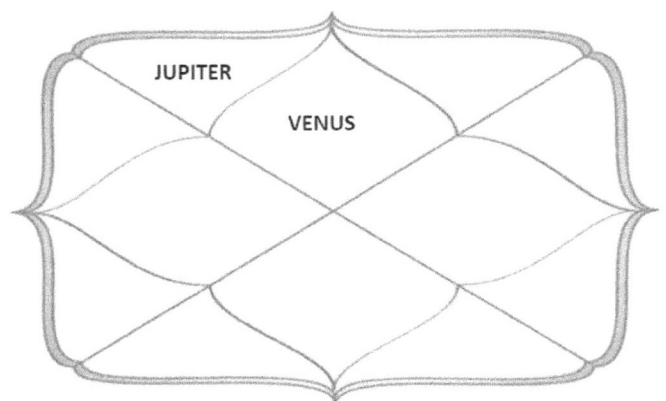

VENUS
JUPITER

VENUS
JUPITER

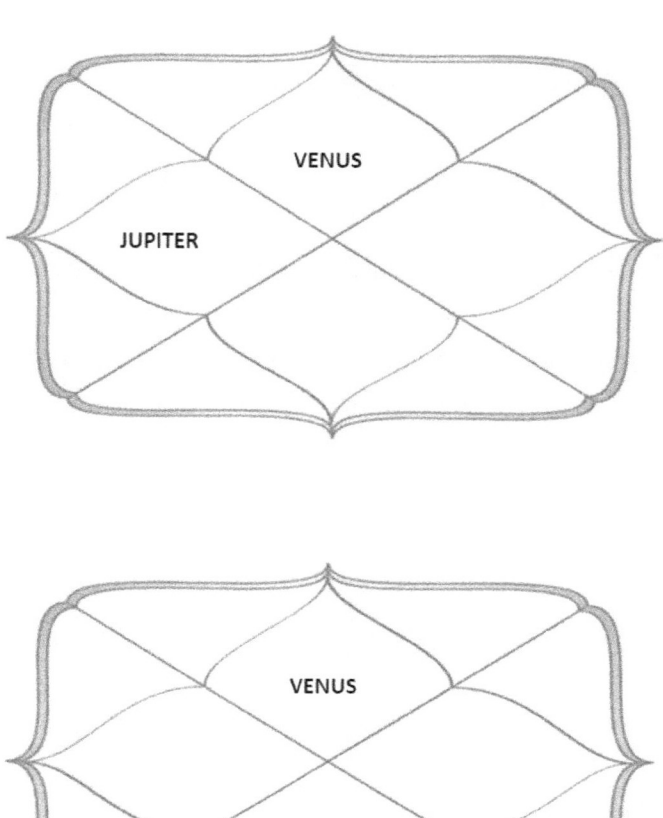

VENUS
JUPITER

VENUS
JUPITER

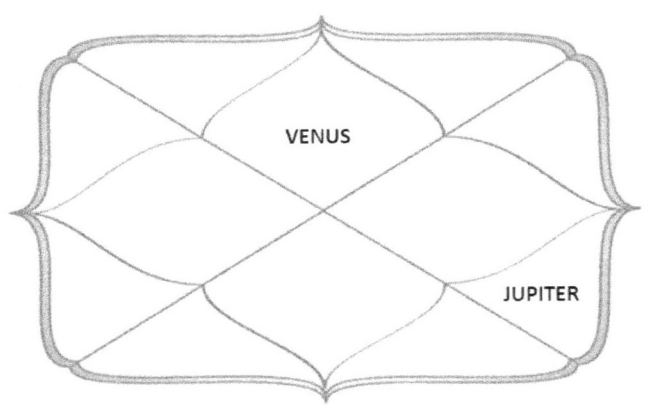

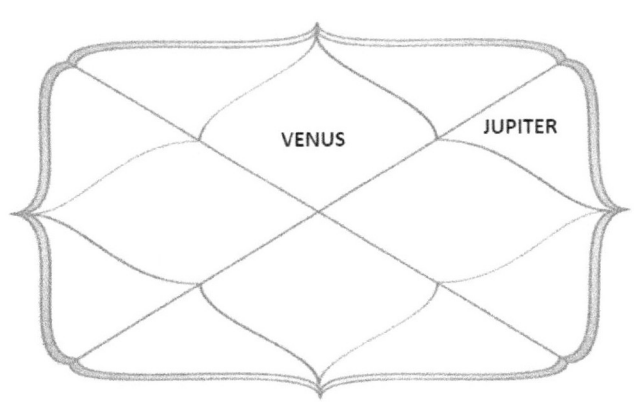

लक्ष्मी का आकलन करने के लिए शुक्र और बृहस्पति के अन्य विन्यास नीचे दिए गए हैं:

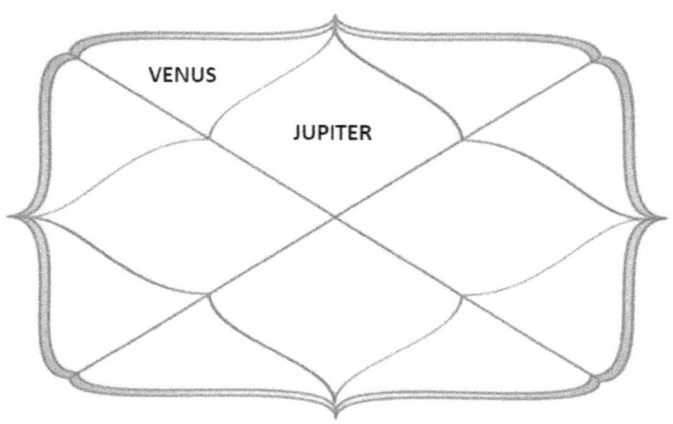

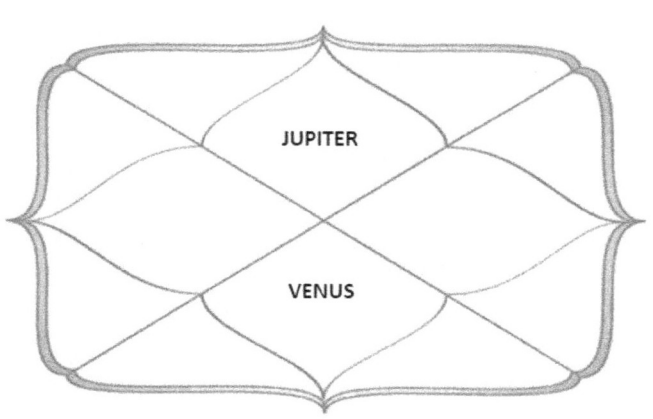

JUPITER
VENUS

JUPITER
VENUS

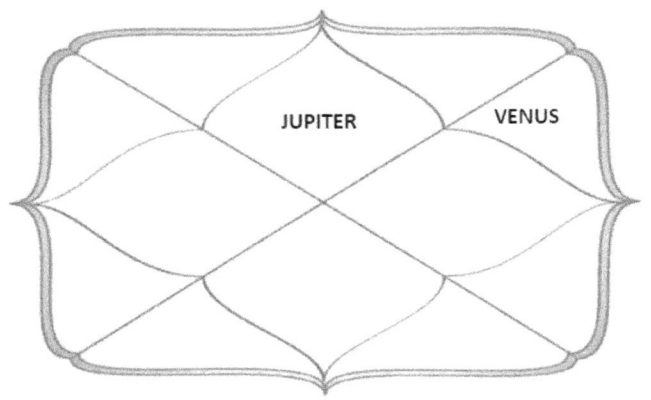

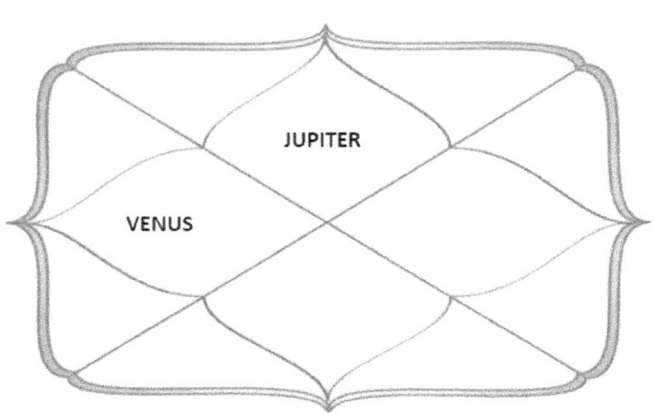

JUPITER
VENUS

VENUS
JUPITER

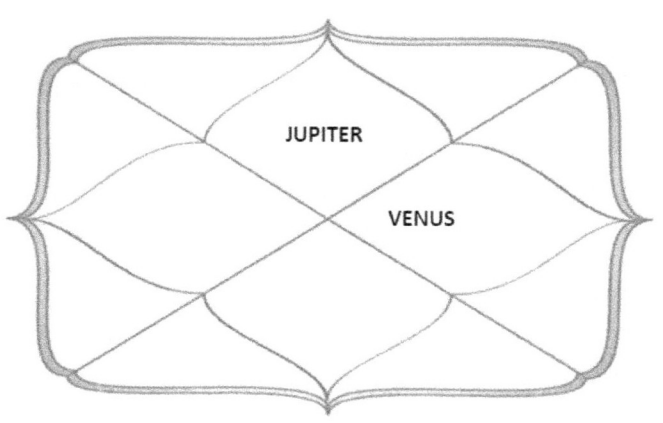

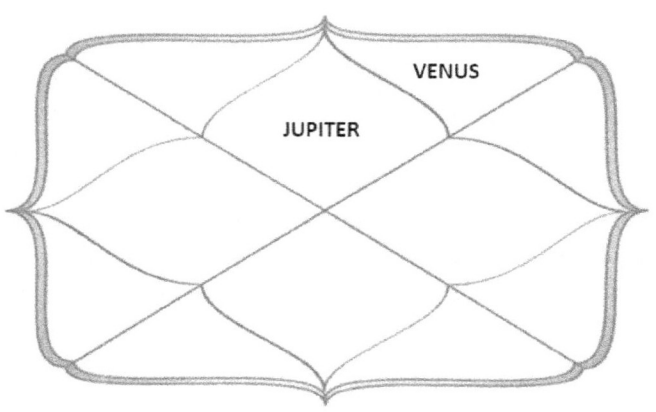

शुक्र शनि के साथ युति - आदि लक्ष्मी

आदि लक्ष्मी - आदि माता देवी

आदि लक्ष्मी को ऋषि भृगु की बेटी और वैकुंठ में भगवान नारायण की पत्नी के रूप में वर्णित किया गया है।

'आदि' का अर्थ - शुरुआत की अवधारणा से परे और अपने सभी भक्तों को धन प्राप्त करने के लिए समर्थन करता है, जो कि माप से परे है। समर्पण, कड़ी मेहनत और ईमानदार प्रयास के माध्यम से शनि इन गुणों का प्रतीक है.

यदि हम लग्न को शुक्र बनाते हैं, तो शनि को बीएनएन के अनुसार विश्लेषण के लिए निम्न विन्यास में रखा जाना चाहिए:

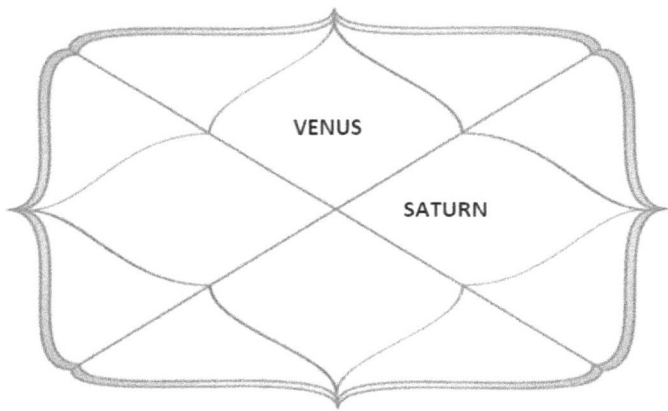

SATURN
VENUS

VENUS
SATURN

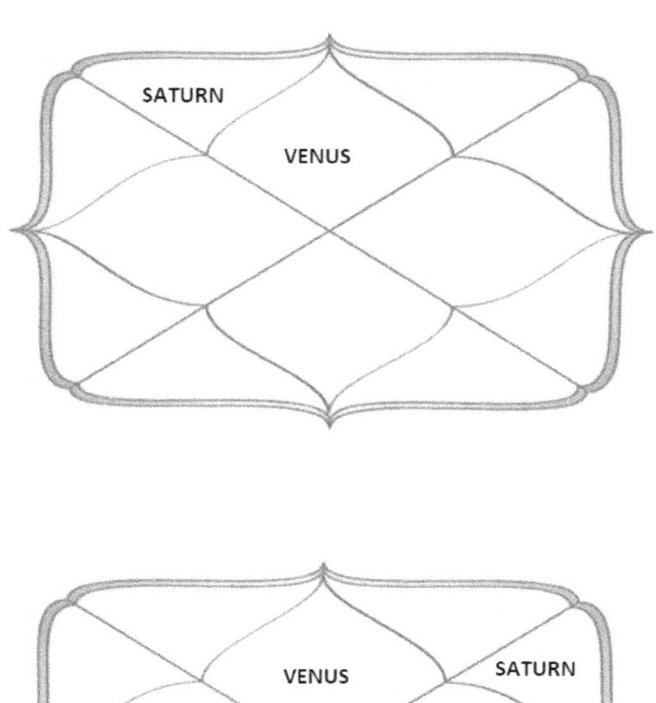

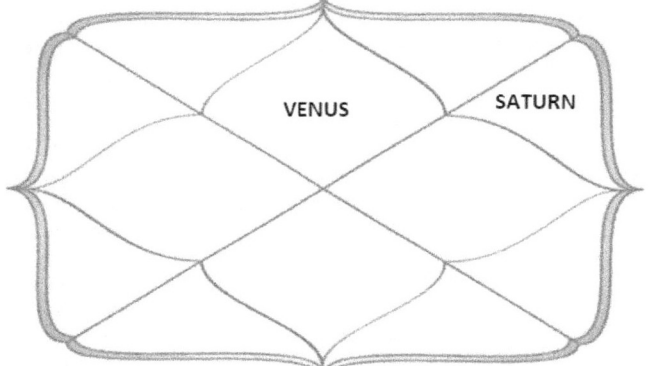

VENUS
SATURN

VENUS
SATURN

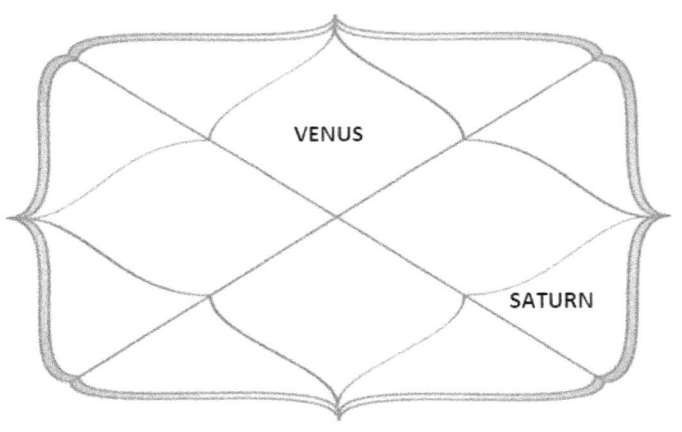

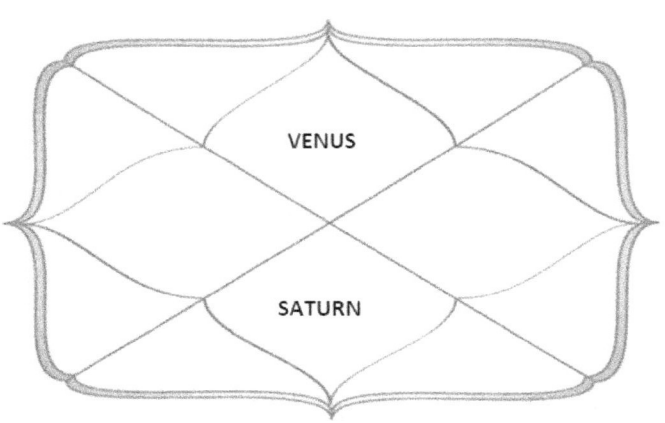

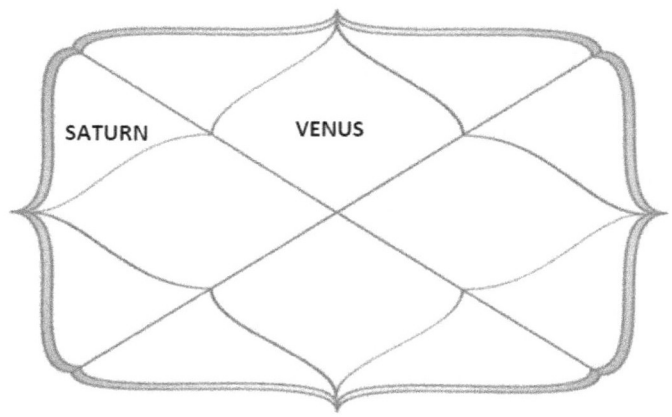

लक्ष्मी का आकलन करने के लिए शुक्र और शनि के अन्य विन्यास नीचे दिए गए हैं:

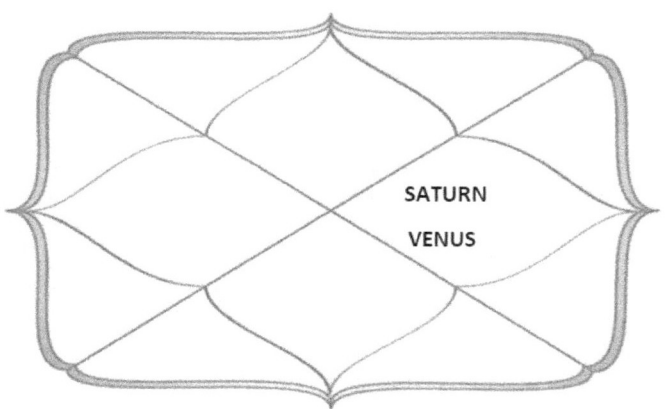

SATURN
VENUS

VENUS
SATURN

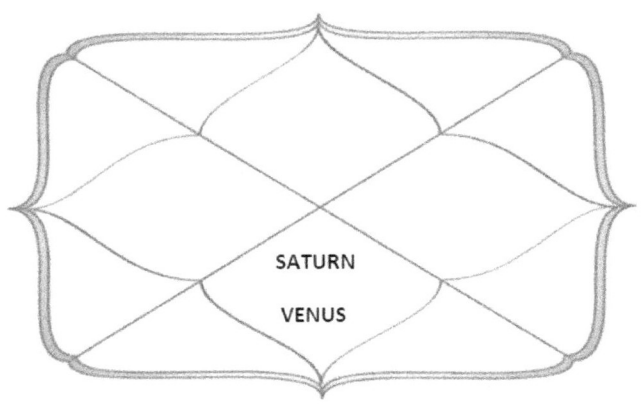

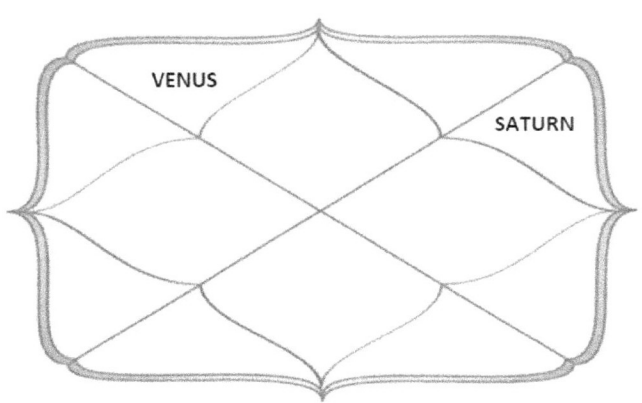

VENUS
SATURN

VENUS
SATURN

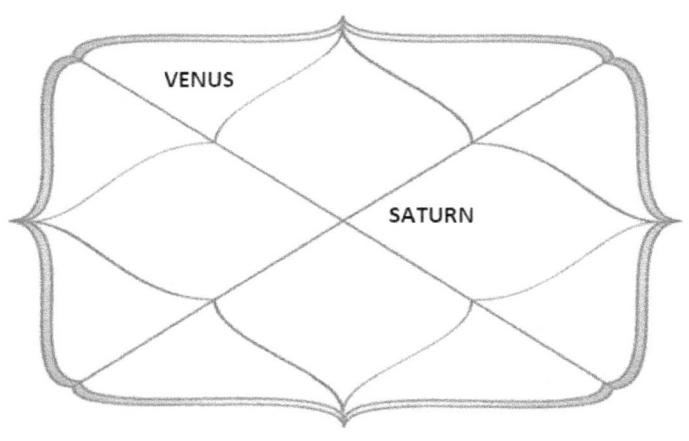

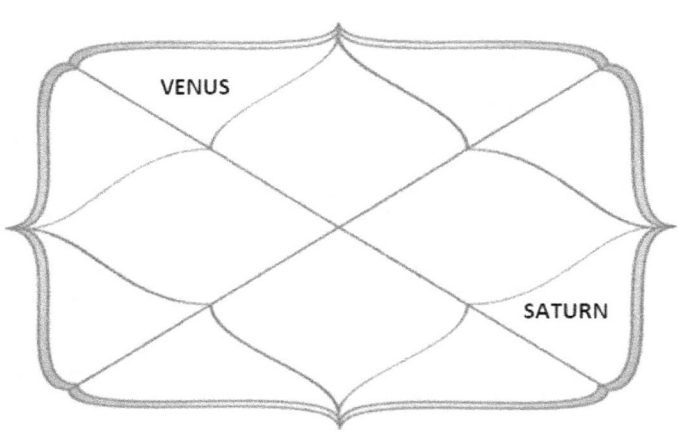

VENUS
SATURN

VENUS
SATURN

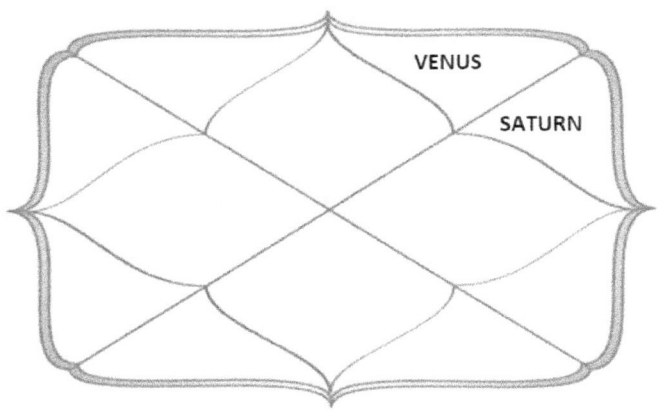

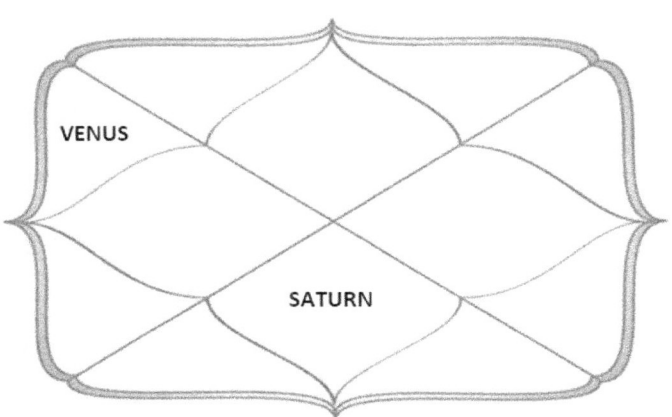

SATURN
VENUS

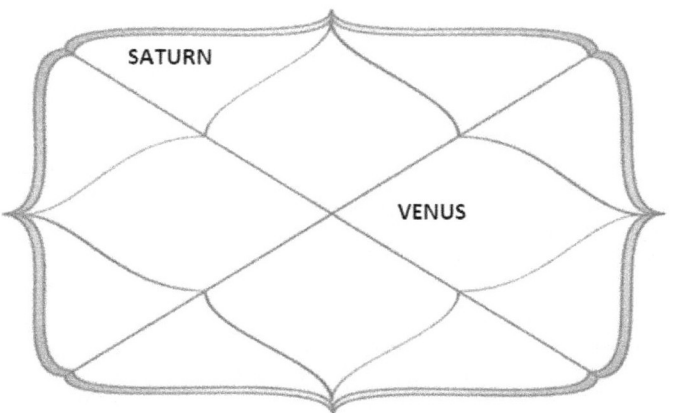

राहु का स्थान शुक्र के साथ

धन लक्ष्मी - भौतिक धन की देवी

धन लक्ष्मी भौतिकवादी दुनिया में भाग्य, बहुतायत में कमाई, लाभ, सोना और धन के माध्यम से धन की देवी से जुड़ी हुई हैं। धन लक्ष्मी भी वैभव लक्ष्मी का पर्याय है। धन लक्ष्मी को कमल के साथ अमृता कुंभ के रूप में दर्शाया गया है, अभय मुद्रा में उनकी हथेली से सोने के सिक्के लुढ़क रहे हैं।

धन न केवल पैसे से जुड़ा हुआ है, बल्कि यह पर्यावरण की संपत्ति को भी दर्शाता है - यानी इंद्र देव द्वारा वर्षा से धन, सूर्य द्वारा (भगवान विष्णु जो जीविका के रूप में प्रतीक हैं), महासागरों द्वारा, और पेड़ द्वारा (यक्ष).

यदि हम लग्न को शुक्र बनाते हैं, तो राहु को बीएनएन के अनुसार विश्लेषण के लिए निम्न विन्यास में रखा जाना चाहिए:

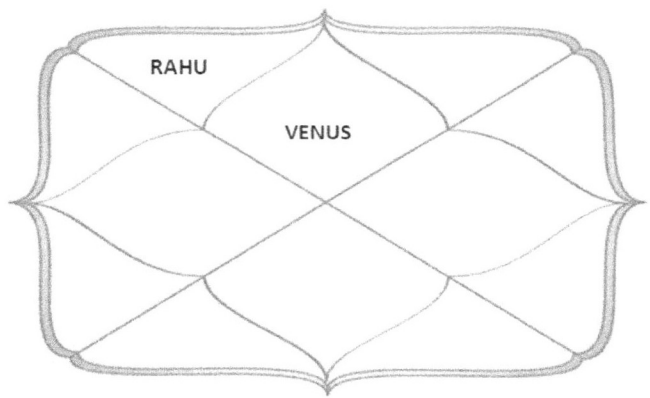

RAHU
VENUS

VENUS
RAHU

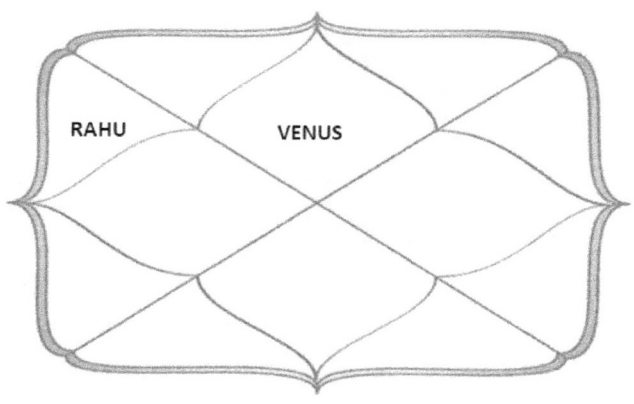

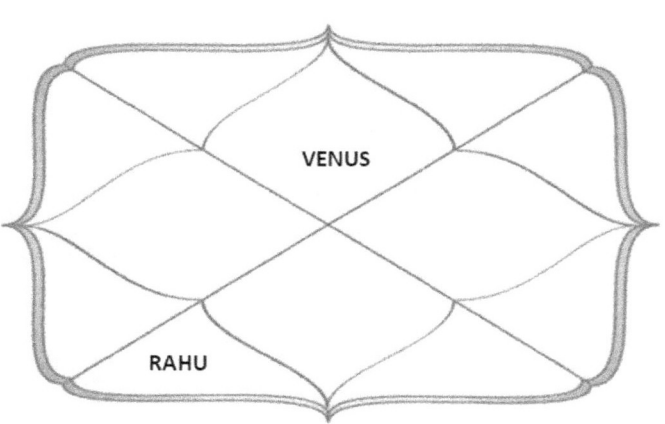

VENUS
RAHU

VENUS
RAHU

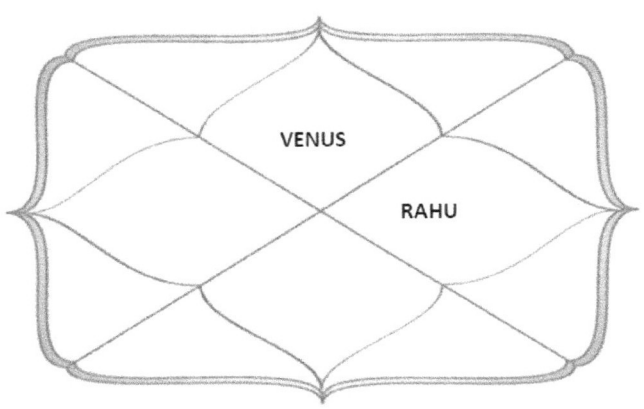

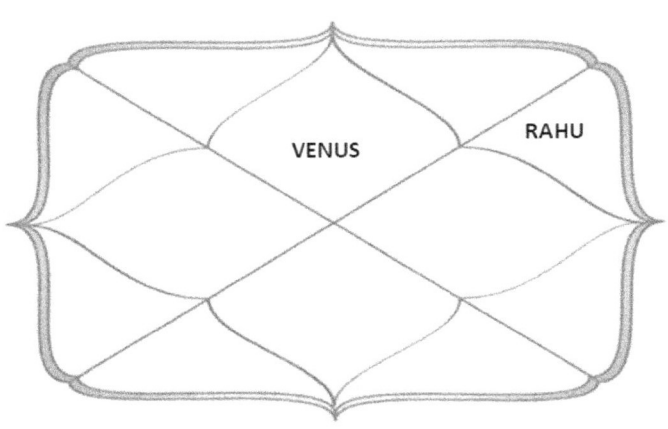

लक्ष्मी का आकलन करने के लिए शुक्र और राहु के अन्य विन्यास नीचे दिए गए हैं

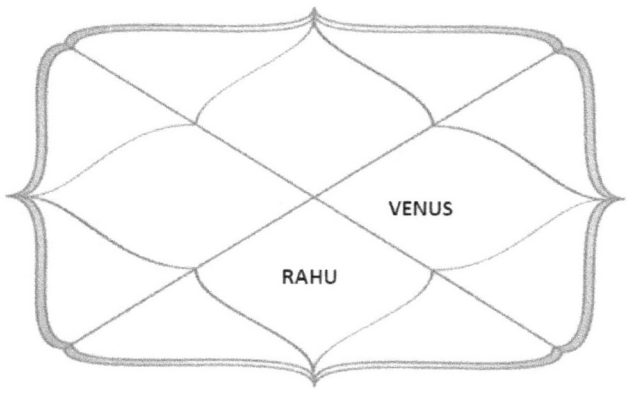

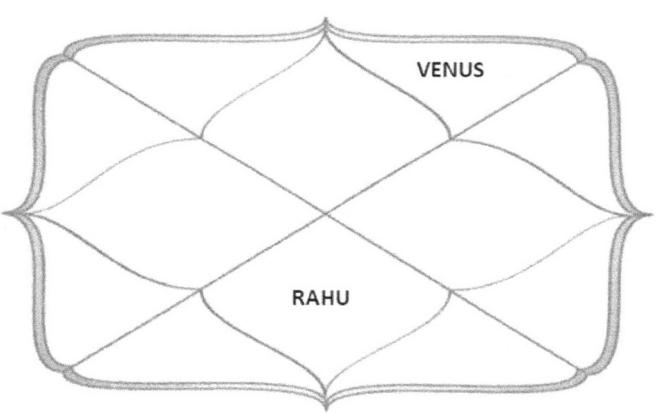

VENUS
RAHU

RAHU
VENUS

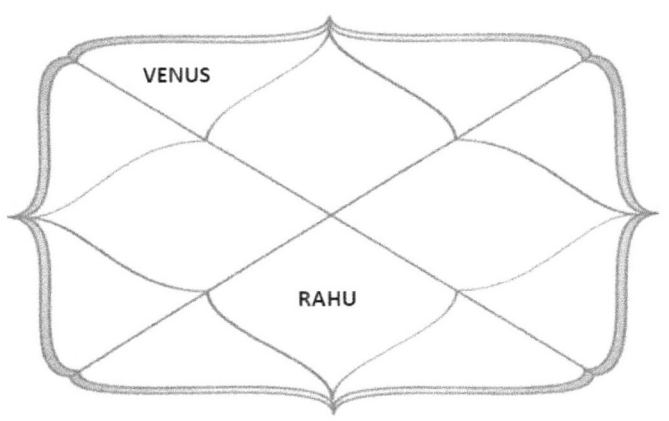

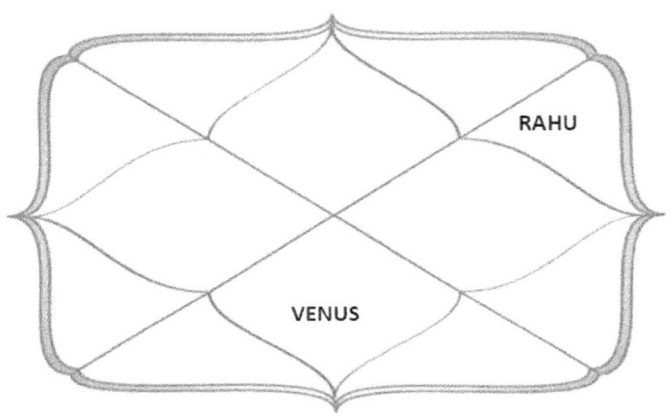

VENUS
RAHU

VENUS
RAHU

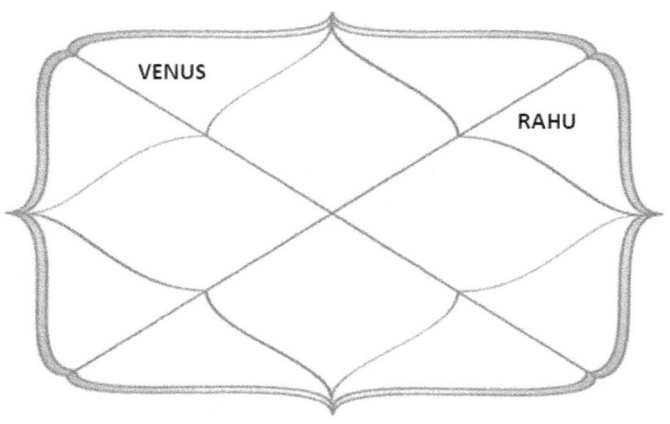

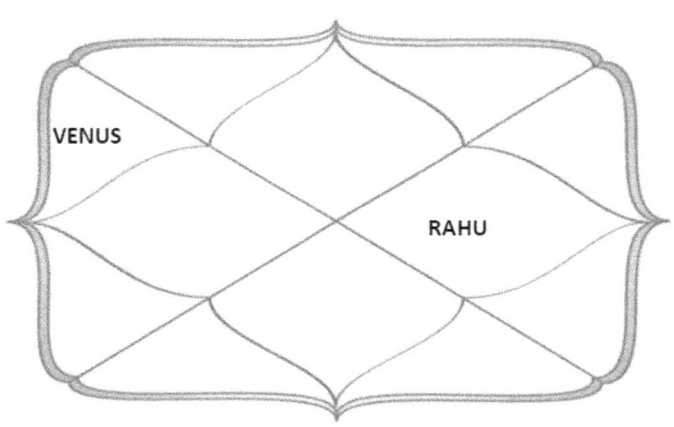

केतु का स्थान शुक्र के साथ

गज लक्ष्मी - शक्ति और शक्ति की देवी

गज लक्ष्मी समुद्र के मंथन से एक कमल पर उभरी, जिसके बगल में दो हाथी थे। इन्हें वरुण देव की पुत्री भी माना जाता है। गज लक्ष्मी शक्ति और रॉयल्टी से जुड़ी हुई है जो हाथियों का पर्यायवाची है क्योंकि इसकी पूजा दो हाथियों द्वारा की जाती है जो पानी छिड़कते हैं, वह कमल पर बैठती हैं.

यदि हम लग्न को शुक्र बनाते हैं, तो केतु को बीएनएन के अनुसार विश्लेषण के लिए निम्न विन्यास में रखा जाना चाहिए:

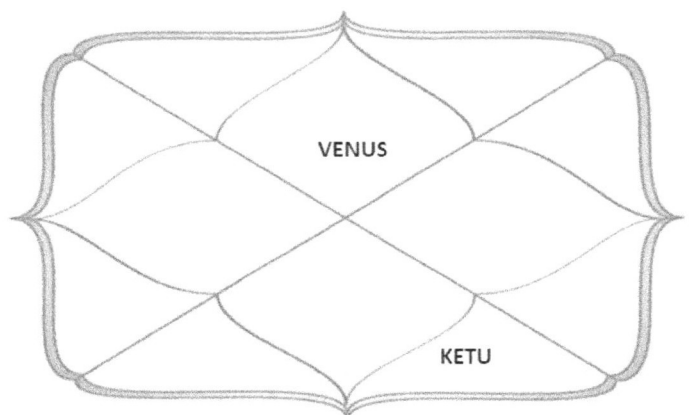

KETU
VENUS

VENUS
KETU

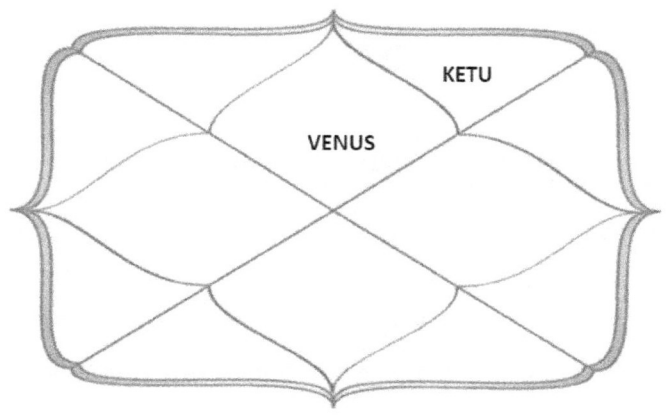

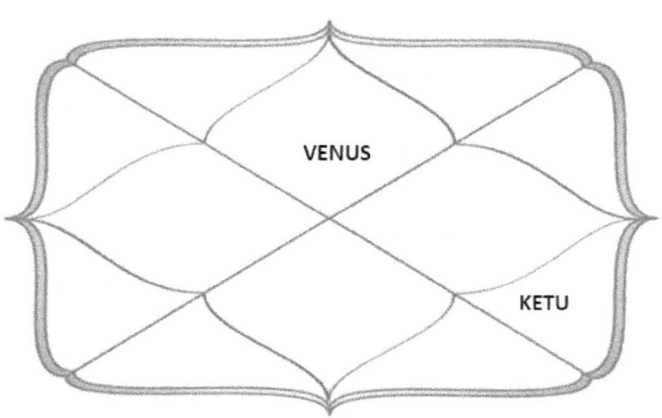

लक्ष्मी का आकलन करने के लिए शुक्र और केतु के अन्य विन्यास नीचे दिए गए हैं

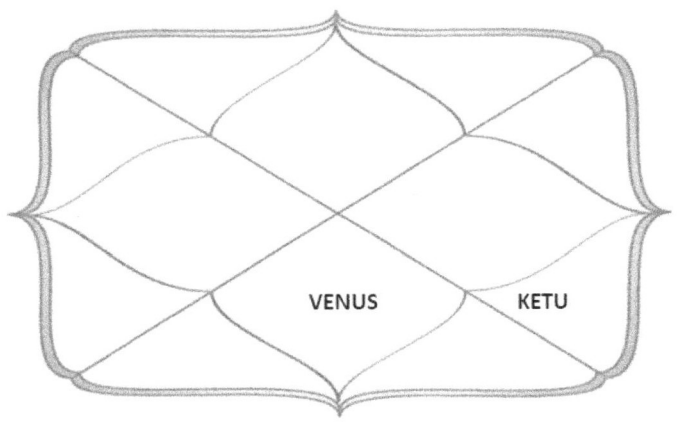

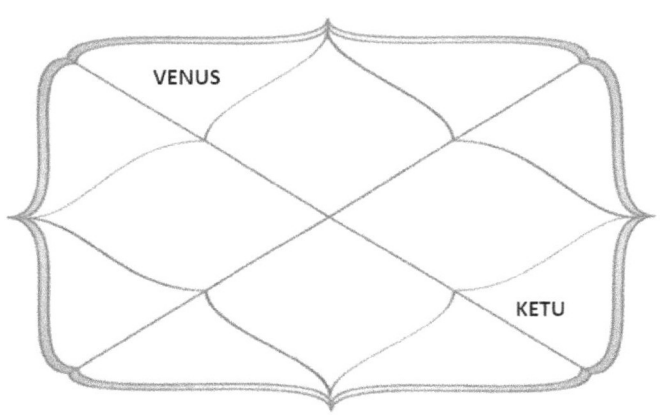

VENUS
KETU

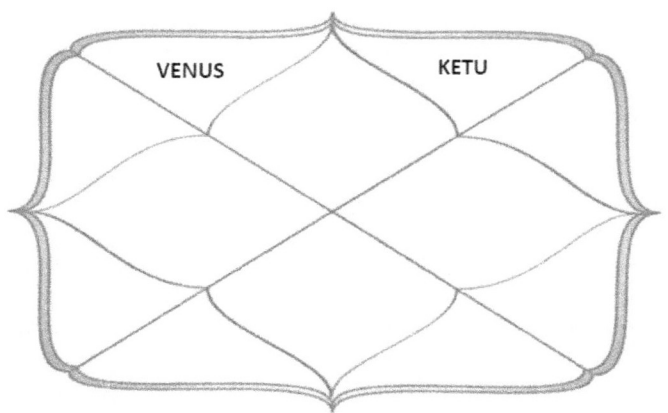

इंदु लग्न से वित्तीय संभावनाएं

इंदु लग्न को धन और समृद्धि के लग्न के रूप
में भी जाना जाता है

हम इंदु लग्न बनाकर, दूसरे और ग्यारहवें भाव से धन
क्षमता की जांच कर सकते हैं.

इंदु लग्न में जब कोई शुभ ग्रह स्थित होता है तो उस ग्रह
की दशा अवधि शुभ फल देती है।

जब कोई शुभ ग्रह त्रिकोण में इंदु लग्न में स्थित होता है
तो उस ग्रह की दशा अवधि लाभकारी होती है.

जब कोई शुभ ग्रह इंदु लग्न से केंद्र में स्थित होता है तो
उस ग्रह की दशा अवधि लाभकारी होती है।

यदि इंदु लग्न से द्वितीय भाव में कोई उच्च ग्रह स्थित
है, तो यह आसानी से धन और समृद्धि ला सकता है
अपनी दशा अवधि में।

द्वितीय भाव में उच्च का पापी ग्रह भी अन्य विभिन्न
माध्यमों से या कड़ी मेहनत के माध्यम से धन ला सकता है।

यदि नीच या पीड़ित ग्रह इंदु लग्न से दूसरे भाव में है, तो
यह जातक के वित्त के लिए समस्याग्रस्त हो सकता है।

जब इंदु लग्न से 11 वें स्थान पर कोई शुभ ग्रह हो या
उनकी दृष्टि हो, तो यह चार्ट में धन का वादा दर्शाता है.

इंदु लग्न से 11वें भाव में शुभ ग्रह उचित माध्यम से धन देते हैं, जबकि पाप ग्रह अनुचित माध्यम से धन देते हैं।

इंदु लग्न से दूसरे और चौथे भाव में चंद्र, बुध, गुरु और शुक्र हो तो जातक धनवान होता है।

इंदु लग्न से 5, 9, 11 भाव में चंद्र, बुध, गुरु और शुक्र हो तो जातक धनवान होता है।

धन के महत्वपूर्ण नक्षत्र

- अश्लेषा नक्षत्र
- कृतिका नक्षत्र
- रोहिणी नक्षत्र
- आर्द्रा नक्षत्र
- धनिष्ठा नक्षत्र
- पूर्वा फाल्गुनी नक्षत्र
- पूर्वाषाढ़ा नक्षत्र
- उत्तराषाढ़ा नक्षत्र
- मघा नक्षत्र
- श्रवण नक्षत्र
- उत्तर भाद्रपद नक्षत्र
- ज्येष्ठा नक्षत्र
- स्वाति नक्षत्र
- विशाखा नक्षत्र

- शतभिषा नक्षत्र
- रेवती नक्षत्र
- पुष्य नक्षत्र
- पुनर्वसु नक्षत्र
- अनुराधा नक्षत्र

अश्लेषा नक्षत्र

प्रतिनिधित्व करता है - धोखा, भेस बदलना, झूठ, खनन, प्रतिरूपण, मोहक सम्मोहन आँखें और हेरफेर.

इन जातकों के पास व्यापारिक बुद्धि और विश्लेषणात्मक दिमाग होता है. यह पहला 'गंडांत' नक्षत्र है। 'गंड' का अर्थ है गांठ और 'अंत' का अर्थ है समाप्त होना। इसका स्वामी सर्प है। यह अधोमुखी नक्षत्र है और इसका प्रतीक कुण्डली है.

सर्प: इसका अर्थ है कल्पनाशील (जो पाताल में निवास करता है) जिसका मानव चेहरा और सांप की तरह पूंछ है।

नाग को नाग देवता कहा जाता है, जिसकी पूजा श्रावण शुक्ल पंचमी को की जाती है। सर्प ऊर्जा, परिवर्तन, रचनात्मकता का प्रतीक है। सर्प भी मूलाधार चक्र में सुप्त अवस्था में कुण्डली के रूप में स्थित कुण्डलिनी की शक्ति है।

इसी तरह, शिव के गले में वासुकी सांप सभी बुराई, राक्षसी प्रवृत्ति और प्रकृति के विनाश का प्रतीक है। विष्णु अवतार के साथ शेषनाग, राम के साथ लक्ष्मण के अवतार और कृष्ण के साथ बलराम का अवतार।

पौराणिक कथाओं के अनुसार दुर्वासा के श्राप के कारण देवताओं और राजा बलि ने मंदराचल पर्वत और वासुकी नाग की सहायता से क्षीर सागर (क्षीर = दूध, सागर = समुद्र) का मंथन किया, जिसमें 14 रत्न प्राप्त हुए।

ज्योतिष शास्त्र में अश्लेषा कर्क राशि में है। इस तारे का प्रतीक कुंडलित सर्प है और इस पर नागों का शासन है; इसका अर्थ है सर्प देवता, ज्ञान का प्रतिनिधित्व करते हैं.

सांप कुंडलिनी ऊर्जा का प्रतीक है, जो अश्लेषा का वास्तविक सार है। दुनिया का हलाहल पीने का हुनर मतलब अपने आसपास के लोगों का दर्द उठाना।

आश्लेषा जहर, धोखे, और अंतर्ज्ञान, अंतर्दृष्टि और कामुकता की शक्ति, इन सभी विशेषताओं का उदाहरण है।

यह तारा पिछले जन्मों और अनुवांशिक विरासत से जुड़ा है। अश्लेषा ऊर्जा को समझने, चुनौतीपूर्ण है क्योंकि यह रहस्यमय और संदिग्ध है; इस नक्षत्र के अंतर्गत जन्म लेने वाले जातक अच्छे पर्यवेक्षक होते हैं।

वे खतरे को जल्दी भांप लेते हैं और परिवार और दोस्तों की रक्षा करते हैं। अश्लेषा के तहत पैदा हुए लोगों को भोजन के प्रति प्रेम होता है और उन्हें तंत्र-मंत्र की दुनिया के लिए अनोखी भूख होगी। यह एक गूढ़ प्रकृति के साथ परिवर्तन और उपचार ऊर्जा का तारा है.

विशेषताएं: अनुसंधान या रहस्यमय कार्य में कुशल

रेंज: 16° 40' - 30° 00' **कर्क**

पदः धनु, मकर, कुम्भ, मीन

व्याख्या: कुण्डलिनी जागरण या विष निगलना या जलाना

प्रतीक: कुण्डलित सर्प

पशु प्रतीक: नर बिल्ली

पीठासीन देवता: नागा

नियंत्रक ग्रह: बुध

बुध के अधिष्ठाता देवता: विष्णु

प्रकृति: राक्षस

लिंग महिला

दोषः कफ

गुना: सात्विक

तत्व: जल

स्वभाव: भयानक

चिड़िया: छोटी नीली गौरैया

अश्लेषा नक्षत्र के लिए धन का ज्योतिषीय संयोजन

- यदि इस नक्षत्र में सूर्य और मंगल की युति धन देने वाले घरों में होती है.

- यदि केंद्र या त्रिकोण घरों में इस नक्षत्र में शुक्र और सूर्य एक साथ युति कर रहे हों.

- यदि इस नक्षत्र में राहु और शुक्र एक साथ युति कर रहे हों।

- यदि केंद्र घरों में इस नक्षत्र में बुध और बृहस्पति एक साथ युति कर रहे हैं।

- यदि शुक्र इस नक्षत्र में धन देने वाले घरों में है.

रोहिणी नक्षत्र

रोहिणी नक्षत्र विकास, आभूषण, सोना, फसल, खाद्य व्यवसाय, फैशन उद्योग, सौंदर्य प्रसाधन, मनोरंजन और ऑटोमोबाइल उद्योग का प्रतिनिधित्व करता है।

प्रतिनिधित्व करता है - परिवहन, लक्जरी वाहन, समृद्धि, ईर्ष्या, एक बड़े सौदे पर हस्ताक्षर, काजल पहनना, कॉन्टैक्ट लेंस, गोद लेना, सरोगेसी, और अपनी संपत्ति के बारे में स्वामित्व, और प्रचुरता.

रोहिणी नक्षत्र से संबंधित रोग गर्दन में सूजन, सर्दी बुखार, सीने में दर्द, अनियमित मासिक धर्म विकार हैं।

रोहिणी चन्द्रमा की प्रिय पत्नी थी। रोहिणी चंद्रमा को रिझाना जानती थी; इन्हीं के कारण वह चंद्रमा की प्रिय पत्नी थी। चंद्रमा की अन्य छब्बीस पत्नियां रोहिणी से ईर्ष्या करती थीं।

यह नक्षत्र एक बैलगाड़ी के प्रतीक का प्रतिनिधित्व करता है जो वाणिज्य, उर्वरता और सामान या विचारों को ले जाने की क्षमता को दर्शाता है। ब्रह्मा, सृष्टि के देवता, शासक देवता हैं जो रोहिणी नक्षत्र को एक रचनात्मक और भौतिकवादी प्रकृति प्रदान करते हैं।

रथ के आकार के पांच तारे रोहिणी के प्रतीक हैं। रोहिणी "बलराम" की माता का नाम है। रोहिणी का अर्थ है लाल गाय जो चंद्रमा की पत्नी और दक्ष की बेटी है।

दक्षिण भारतीय मान्यता के अनुसार बयालीस तारों के समूह का आकार वृक्ष के समान होता है। कृष्ण का जन्म इसी नक्षत्र में हुआ था। इसके देवता ब्रह्मा हैं; इसकी उत्पत्ति विष्णु के नाभि कमल से मानी गई है। पौराणिक कथाओं के अनुसार रोहिणी दक्ष प्रजापति और प्रसूति की पुत्री थी। चंद्रमा ने दक्ष की 27 कन्याओं से विवाह किया। रोहिणी चंद्रमा की प्रिय मुख्य पत्नी थी.

रोहिणी जातक के नेत्र आकर्षक होते हैं। रोहिणी एक शुभ, सिद्धिदायक, राजसिक स्त्री नक्षत्र है। इसकी जाति सर्प योनि वाली शूद्र है।

जातक ललित कलाओं का प्रेमी होता है; वह सुंदर, चुंबकीय, कवि, आंशिक ईर्ष्यालु, ईश्वर भक्त है। ये स्थिर, प्रेम में रुचि रखने वाले, आदरणीय, आनंददायक होते हैं।

रोहिणी उर्वरता, कृषि, सभ्यता का प्रतीक है। चंद्रमा और शुक्र के ग्रहों का प्रभाव इस नक्षत्र को ग्रहणशीलता और पोषण के स्त्री गुण प्रदान करता है। रोहिणी के तहत पैदा हुए लोगों में मजबूत पारिवारिक मूल्य और सौंदर्य, कला और विलासिता के लिए एक आकर्षण होता है.

विशेषताएं: सच्चा; उदार; अटल विचार

व्याख्या: बढ़ना

प्रतीक: एक बैलगाड़ी; रथ

पशु प्रतीक: एक नर सर्प

देवता: ब्रह्मा - ब्रह्मांड के निर्माता

नियंत्रक ग्रह: चंद्रमा

चंद्रमा की अधिष्ठात्री देवी: पार्वती

स्वभाव: मानुष

लिंग महिला

दोषः कफ

गुनाः राजस

तत्व: पृथ्वी

स्वभाव: स्थिर

रोहिणी नक्षत्र के लिए धन का ज्योतिषीय संयोजन

- यदि इस नक्षत्र में धन देने वाले घरों में या केंद्र घरों में चंद्रमा और शुक्र की युति हो रही है।
- अगर इस नक्षत्र में सूर्य धन देने वाले घरों में है।
- यदि चंद्रमा केंद्र या त्रिकोण घरों में रोहिणी नक्षत्र में है.
- यदि शुक्र इस नक्षत्र में धन देने वाले घरों में है और चंद्रमा शुक्र के त्रिकोण में है।
- यदि रोहिणी नक्षत्र में चंद्रमा और शुक्र की युति हो।
- चंद्रमा रोहिणी नक्षत्र है और शुक्र चंद्रमा के त्रिकोण में है।
- यदि राहु रोहिणी नक्षत्र में हो।
- यदि इस नक्षत्र में धन देने वाले घरों में शनि और चंद्रमा एक साथ हों.

आर्द्रा नक्षत्र - राहु

आर्द्रा पूरी तरह से मिथुन राशि में स्थित है। यह नक्षत्र एक अश्रु द्वारा दर्शाया गया है, जो दुःख और नवीकरण दोनों का प्रतीक हो सकता है। रुद्र जंगली जानवरों और औषधियों के भी स्वामी हैं.

प्रतिनिधित्व करता है - पशुपति नाथ (भगवान शिव), गुमनाम नायक, असामाजिक गतिविधियां, सामाजिक बहिष्कार, माता-पिता के मुद्दे, पारंपरिक मूल्य, शोध, बुरी आदतों को तोड़ना, नकारात्मकता को भंग करना या नष्ट करना, लीक से हटकर सोचना, मान्यता प्राप्त करने में समस्या, उपचार क्षमता और डॉक्टर.

वे खुद को सामाजिक दायरे में अनुपयुक्त मानते हैं और कभी-कभी अकेलापन महसूस करते हैं, और वे एकांत में रहने की कोशिश करते हैं।

इन जातकों में 'कभी मत हारो' वाला रवैया होता है। आर्द्रा नक्षत्र असामाजिक होता है।

आर्द्रा नक्षत्र के तहत पैदा हुए लोग आमतौर पर पिछले जीवन के पाठ से गुजरते हैं और उसके बाद ही एक नई समझ और पुनरुद्धार का अर्थ प्राप्त करते हैं।

रूलिंग देवता रुद्र हैं। आर्द्रा शिव का एक विनाशकारी रूप है जो अराजकता और भ्रम लाता है। यह हलाहल (विष) को

दर्शाता है, जिसे शिव ने ब्रह्मांड को बचाने के लिए समुद्र मंथन के दौरान ग्रहण किया था।

भगवान शिव सुरभि (ऋषि कश्यप की पत्नी) के गर्भ से 11 रुद्र के रूप में पृथ्वी पर अवतरित हुए। ये ग्यारह रुद्र हैं: 1 कपाली, 2 पिंगल, 3 भीम, 4 विरुपाक्ष, 5 विलोहित, 6 शास्त्र, 7 अजपद, 8 अर्हिबुध्न्य, 9 शंभु, 10 चंद्र, 11 भावा।

एक ओर शिव दया के प्रतीक हैं तो दूसरी ओर आर्द्रा नक्षत्र में रौद्र रूप दिखाते हैं। आर्द्रा का स्वामी राहु विकार और ज्ञान की प्यास ला सकता है।

इसके दो रूप हैं: रुद्र के कारण सकारात्मक और दूसरा राहु के कारण नकारात्मक; व्यक्ति में गुण और अवगुण दोनों पाए जाते हैं। जातक अंदर से कोमल और बाहर से कठोर होता है।

आर्द्रा नक्षत्र में एक खोजी दिमाग होता है और अनुसंधान के प्रति उनका झुकाव होता है। वे अपनी राय देने या डराने-धमकाने से नहीं डरते।

विशेषताएं: शोधकर्ता

रेंज: 06° 40’ - 20° 00’ **जेमिनी**

पदः धनु, **मकर**, **कुम्भ**, **मीन**

व्याख्या: नम

प्रतीक: अश्रु हीरा

पशु प्रतीक: मादा कुत्ता

अधिष्ठाता देवता: रुद्र - विनाशकारी तूफानों और गड़गड़ाहट के देवता

नियंत्रक ग्रह: राहु

राहु की अधिष्ठात्री देवी: दुर्गा

प्रकृति: मनुष्य

लिंग महिला

दोष: वात

गुना: तामसिक

तत्व: जल

स्वभाव: तीव्र

आर्द्रा नक्षत्र के लिए धन का ज्योतिषीय संयोजन

- ❖ यदि मंगल धन देने वाले घरों में आर्द्रा नक्षत्र में है।
- ❖ यदि केंद्र या त्रिकोण घरों में आर्द्रा नक्षत्र में शनि और केतु एक साथ युति कर रहे हैं।
- ❖ यदि केंद्र या त्रिकोण घरों में आर्द्रा नक्षत्र में चंद्रमा।
- ❖ यदि चंद्रमा और शुक्र एक साथ इस नक्षत्र में धन या त्रिकोण घरों में युति कर रहे हैं।
- ❖ यदि केंद्र घरों में सूर्य आर्द्रा नक्षत्र में है.

धनिष्ठा नक्षत्र और मंगल

इस नक्षत्र के देवता अष्टवसु हैं। ये:

1. अपाह (जल)
2. ध्रुव (ध्रुव तारा)
3. धारा (पृथ्वी)
4. अनिला (पवन)
5. सोम (चंद्रमा)
6. अनला/पावक (अग्नि)
7. प्रत्युषा
8. प्रभास (वैभव)

भीष्म प्रभास के अवतार थे जो अष्टवसु में से एक थे. अष्टवसु बहुतायत से जुड़े हैं जो समृद्धि, संपत्ति, अचल संपत्ति और धन लाते हैं।

प्रतिनिधित्व - वाद्य यंत्र, ड्रम, जातक संगीत प्रेमी, नृत्य प्रेमी, वाद्य वादक होता है। यह एक बांसुरी के समान शून्य का प्रतिनिधित्व करता है जो अंदर से खोखला होता है लेकिन किसी को भी मोहित कर सकता है।

यह नक्षत्र एक संगीतमय ढोल से जुड़ा है और इसे सिम्फनी का तारा कहा जाता है। पौराणिक कथा के अनुसार, बालक

ध्रुव ने पांच वर्ष की बहुत छोटी उम्र में विष्णु की पूजा की थी, जिससे प्रसन्न होकर विष्णु ने ध्रुव को उत्तरी आकाश में स्थिर स्थान दिया था। इस नक्षत्र के तहत पैदा हुए लोगों में अक्सर प्राकृतिक संगीत क्षमताएं होती हैं और वे जीवन के सभी पहलुओं में अच्छी लय और समय का अनुभव भी करते हैं। आठ वसु, विभिन्न प्रकार के व्यक्तित्व लक्षण प्रदान करते हैं जो एक अच्छा और समृद्ध जीवन जीने के रूप में परिलक्षित होते हैं.

धनिष्ठा के तहत पैदा हुए लोग व्यावहारिक, परोपकारी होते हैं और एक सामान्य उद्देश्य के लिए लोगों को एकजुट कर सकते हैं.

विशेषताएं: संगीत में रुचि रखने वाला जातक

व्याख्या: धनवान

प्रतीक: संगीतमय ढोल

पशु प्रतीक: एक मादा शेर

देवता: आठ वसु

नियंत्रक ग्रह: मंगल

प्रकृति: राक्षस

लिंग: महिला

दोष: पित्त

गुना: तामसिक

धनिष्ठा नक्षत्र के लिए धन का ज्योतिषीय संयोजन

- ❖ यदि शुक्र इस नक्षत्र में हो.
- ❖ यदि शनि इस नक्षत्र में धन देने वाले घरों में है।
- ❖ यदि इस नक्षत्र में चंद्रमा धन देने वाले घरों में है।
- ❖ यदि मंगल इस नक्षत्र में दूसरे भाव या 11वें भाव में हो।
- ❖ यदि इस नक्षत्र में शनि और शुक्र की युति हो।
- ❖ यदि इस नक्षत्र में बृहस्पति और सूर्य एक साथ युति कर रहे हों.

पूर्वा फाल्गुनी नक्षत्र और शुक्र

पूर्वा फाल्गुनी को एक खाट के सामने के पैरों द्वारा दर्शाया गया है, जो आराम, कायाकल्प और आनंद का प्रतीक है।

इस नक्षत्र के जातक रचनात्मक, कलात्मक, डिजाइनर होते हैं और वे मनोरंजन उद्योग में अच्छा करते हैं।

शुक्र, इस नक्षत्र का ग्रह शासक, रिश्तों, सुंदरता और विलासिता के लिए प्रशंसा लाता है। उनका सबसे अच्छा समय पार्टियों में भाग लेने और सामाजिक समारोहों में जाता है।

पूर्वा फाल्गुनी नक्षत्र उपलब्धियों के लिए इच्छा और मान्यता का प्रतिनिधित्व करता है। यह वास्तव में विश्राम, मनोरंजन का तारा है। पूर्वा फाल्गुनी कला और रचनात्मकता के माध्यम से नवीकरण और ऊर्जा को दर्शाती है।

इस नक्षत्र के मूल निवासी अपने ससुर के साथ नहीं मिलते हैं, क्योंकि इस नक्षत्र का विषय भगवान शिव और दक्ष के साथ प्रतिध्वनित होता है जहां दक्ष ने शिव को आमंत्रित नहीं किया था।

पूर्वा फाल्गुनी नक्षत्र के स्वामी भागा हैं जो अदिति और कश्यप के पुत्र हैं। दक्ष यज्ञ के दौरान वीरभद्र ने भागा की आंखें निकाल लीं। भागा नेत्र, धन, भाग्य और पैतृक संपत्ति से जुड़ा है.

विशेषताएं: आकर्षक, सुखद, उदार, घूमने वाला स्वभाव

व्याख्या: छोटा अंजीर का पेड़

प्रतीक: बिस्तर के अगले पैर और झूला

पशु प्रतीक: मादा चूहा

देवता: भागा वह देवता हैं जो धन का वितरण करते हैं

नियंत्रक ग्रह: शुक्र

शुक्र की अधिष्ठात्री देवी: लक्ष्मी

स्वभाव: मनुष्य

लिंग महिला

दोष: पित्त

गुना: राजसिक

तत्व: जल

स्वभाव: उग्र

पक्षी: मादा ईगल

पूर्वा फाल्गुनी नक्षत्र के लिए धन का ज्योतिषीय संयोजन

- यदि शुक्र धन देने वाले भावों में पूर्वाफाल्गुनी नक्षत्र में है।

- यदि शनि केंद्र या त्रिकोण भावों में पूर्वाफाल्गुनी नक्षत्र में है।

- यदि सूर्य इस नक्षत्र में केन्द्र या त्रिकोण भाव में हो।

- सूर्य और शुक्र की युति पूर्वाफाल्गुनी नक्षत्र में हो।

- यदि सूर्य और चंद्रमा की युति हो इस नक्षत्र में केंद्र या धन देने वाले घरों में हो।

- यदि इस नक्षत्र में सूर्य और मंगल एक साथ युति करते हैं।

- यदि धन देने वाले घरों में इस नक्षत्र में शुक्र और बृहस्पति एक साथ हों.

उत्तराषाढ़ा नक्षत्र और सूर्य

यह दक्षिण दिशा का स्वामी है। इसे अपराजित नक्षत्र भी कहते हैं। इसमें दो तारे हैं जो देखने में ऐसे लगते हैं जैसे हम बिस्तर को देख रहे हों।

यह ऊर्ध्वमुखी नक्षत्रों में से एक है। इस नक्षत्र के जातक अच्छे लेखक या दंत चिकित्सक हो सकते हैं.

इस नक्षत्र के जातक अपना काम निकालने के लिए धोखाधड़ी का सहारा ले सकते हैं। यदि यह नक्षत्र बहुत प्रमुख हो तो यह पैर, टखने या रीढ़ की हड्डी में समस्या दर्शाता है.

उत्तराषाढ़ा नक्षत्र के स्वामी सूर्य हैं। उत्तराषाढ़ा नक्षत्र का पहला चरण धनु राशि में स्थित है, और इस नक्षत्र के शेष 3 चरण मकर राशि में पाए जाते हैं, जिससे धनु राशि के स्वामी बृहस्पति ग्रह और मकर राशि में शनि ग्रह का भी इस नक्षत्र पर प्रभाव पड़ता है। इस प्रकार उत्तराषाढ़ा नक्षत्र में जन्म लेने वाले जातक पर सूर्य, शनि और बृहस्पति का प्रभाव रहता है.

इस तारे के देवता दस विश्वदेव हैं जो धर्म के देवताओं से जुड़े हैं। भगवान कृष्ण ने कुरुक्षेत्र में अर्जुन को विश्वरूप के रूप में अपना असली रूप दिखाया।

इस प्रकार, इस नक्षत्र में जन्म लेने वाले व्यक्ति में महान आकांक्षाएं और जीवन पर एक आशावादी दृष्टिकोण हो

सकता है। उत्तराषाढ़ा नेतृत्व, उपलब्धि और कर्तव्य के प्रति प्रतिबद्धता का समर्थन करता है.

विशेषताएं:

आध्यात्मिक रूप से अज्ञात की खोज; किसी भी कार्य में गहराई से शामिल होना; आज्ञाकारी, सदाचार के नियमों में प्रशिक्षित; आभारी, लोकप्रिय और हमेशा एहसान वापस करते हैं।

व्याख्या: अंतिम जीत

प्रतीक: हाथी का दांत और बिस्तर के तख्ते

पशु प्रतीक: एक नर नेवला

देवता: दस विश्वदेव, भगवान धर्म के पुत्र

नियंत्रक ग्रह: सूर्य

सूर्य के अधिष्ठाता देवता: शिव

स्वभाव: मनुष्य

लिंग महिला

दोष: कफ

गुना: सात्विक

तत्व: वायु

स्वभाव: फिक्स्ड

उत्तराषाढ़ा नक्षत्र नक्षत्र के लिए धन का ज्योतिषीय संयोजन

- यदि शुक्र और शनि की युति इस नक्षत्र में केंद्र या त्रिकोण भावों में हों।

- अगर इस नक्षत्र में राहु और शनि धन देने वाले घरों में हैं।

- यदि राहु और शुक्र इस नक्षत्र में हों।

- यदि शनि इस नक्षत्र में हो।

- यदि मंगल इस नक्षत्र में दशम भाव में हो या धन देने वाले भाव में हो।

- यदि इस नक्षत्र में शनि और मंगल की युति धन देने वाले घरों में हो।

- यदि इस नक्षत्र में बृहस्पति और शनि एक साथ युति कर रहे हों.

मूल नक्षत्र - केतु

निरुति या काली मृत्यु की देवी हैं। यह नक्षत्र, दक्षिण पश्चिम दिशा का प्रतिनिधित्व करता है। यह जड़, पाताल लोक और विनाश के बाद नए जीवन से जुड़ा है। यह नक्षत्र, आर्द्रा नक्षत्र के विपरीत दिशा में है।

अथर्ववेद में - इसे काले कपड़ों में सुनहरे बालों के साथ बलिदान में भाग लेने वाले के रूप में वर्णित किया गया है जो धूमावती का पर्याय है जो भूखी, प्यासी और विधुर है। इसका रंग काला होता है। यह मृतकों की दुनिया में रहता है और बुराई का प्रतिनिधित्व करता है.

महाभारत में इन्हें अधर्म की पत्नी कहा गया है। यह धरती की दरारों, रेगिस्तानों में रहती है। यही कारण है कि हर कर्मकांड से पहले इसे दूर रखने के लिए पूजा या प्रार्थना की जाती है।

जातक अपने अधिकारों के लिए लड़ने का जोखिम उठाता है, और वह हमेशा एक व्यवसाय-परिवर्तक, एक लेखक, एक यात्री और धनवान होता है।

यदि यह नक्षत्र कुंडली के आठवें भाव में पड़ता है - यह एक ब्लैक होल की तरह कार्य करता हे, जो प्रकाश को चूस लेता है.

विशेषताएं:

वह किसी भी विषय की जड़ तलाशने में आनंद रखता है; एक गहन दार्शनिक प्रकृति और एक जिज्ञासु मन रखता है।

वह अमीर है, विलासिता में रहता है, खुश रहता है, दूसरों को नुकसान नहीं पहुंचाता, अति आत्मविश्वासी, दृढ़ और निश्चित राय रखता है।

रासी (राशि चक्र): धनु

रेंज: 00° 00' - 13° 20' धनु

पद: मेष, वृष, मिथुन, कर्क

व्याख्या: जड़

प्रतीक: जड़ों का बंधा हुआ गुच्छा या शेर की पूंछ

पशु प्रतीक: एक नर कुत्ता

अधिष्ठाता देवता: निरिति, विघटन, विपत्ति और विनाश की देवी

नियंत्रक ग्रह: केतु

केतु के अधिष्ठाता देवता: गणेश

प्रकृति: राक्षस

दोष: वात

गुना: तामसिक

तत्व: वायु

स्वभाव: तीव्र और भयानक

पक्षी: लाल गिद्ध

दिशा: दक्षिण पश्चिम

मूल नक्षत्र के लिए धन का ज्योतिषीय संयोजन

- ❖ यदि सूर्य केंद्र या त्रिकोण घरों में मूल नक्षत्र में है।
- ❖ यदि केतु केंद्र घरों में मूल नक्षत्र में है।
- ❖ यदि धन देने वाले घरों में बृहस्पति मूल नक्षत्र में है।
- ❖ यदि सूर्य और गुरु मूल नक्षत्र में एक साथ युति कर रहे हों।
- ❖ यदि बृहस्पति मूल नक्षत्र में है और मंगल के साथ त्रिकोण है।
- ❖ यदि इस नक्षत्र में बुध और सूर्य एक साथ हों तो धन देने वाले घरों में हों।
- ❖ यदि मूल नक्षत्र में राहु और शुक्र की युति हो।
- ❖ यदि मूल नक्षत्र में बुध और शुक्र एक साथ युति कर रहे हों।
- ❖ यदि शनि धन देने वाले घरों में मूल नक्षत्र में है.

पूर्वाषाढ़ा नक्षत्र और शुक्र

इसका देवता जल (अपा-वरुण) है - लौकिक जल, मनुष्यों और अन्य जानवरों का जन्मदाता सभी दिशाओं में फैला हुआ है। यह एक अविश्वसनीय जीवन शक्ति है। ब्रह्मांड में पानी सबसे शक्तिशाली तत्व है।

वरुण समुद्र के रक्षक और वर्षा के देवता हैं। इसकी दिशा पश्चिम और वाहन मकर है। हिंदू पौराणिक कथाओं के अनुसार, पवित्र नदियों में स्नान करने से पापों से मुक्ति मिलती है और मनोकामनाओं की पूर्ति होती है.

माँ लक्ष्मी को समुद्र राज (महासागर) की पुत्री कहा जाता था। यह नक्षत्र धनु राशि में ब्रह्मांड में धनुर्धर के धनुष के रूप में स्थित है। धनुष की छवि असीम दृढ़ता और मानसिक साहस का प्रतिनिधित्व करती है।

पूर्वाषाढ़ा नक्षत्र का स्वामी शुक्र है। पूर्वाषाढ़ा एक जलीय नक्षत्र है, अत: यदि यह नक्षत्र कुण्डली में अच्छा है, तो ये लोग प्रसन्न रहते हैं (अर्थात् यह अच्छी वर्षा का प्रतीक होगा), लेकिन यदि वे अप्रसन्न हैं, तो परेशानी पैदा कर सकते हैं (अर्थात् यह आसपास के वातावरण को सुखा देता है)।

यह नक्षत्र जीत, जुनून, निडरता और आक्रामकता का प्रतिनिधित्व करता है.

विशेषताएं: दोस्तों से गहरा लगाव

रासी (राशि चक्र): धनु

रेंज: 13° 20' - 26° 40' **धनु**

पद: सिंह, कन्या, तुला, वृश्चिक

व्याख्या: अपराजित

प्रतीक: एक पंखा या एक सूप की टोकरी, एक बिस्तर या एक हाथी दांत

पशु प्रतीक: एक नर बंदर

अधिष्ठाता देवता: लौकिक जल

नियंत्रक ग्रह: शुक्र

शुक्र की अधिष्ठात्री देवी: लक्ष्मी

स्वभाव: मनुष्य

लिंग महिला

दोष: पित्त

गुना: राजसिक

तत्व: वायु

स्वभाव: उग्र

पूर्वाषाढ़ा नक्षत्र के लिए धन का ज्योतिषीय संयोजन

- यदि शुक्र इस नक्षत्र में केंद्र या त्रिकोण भावों में हो।
- यदि बुध इस नक्षत्र में केंद्र या त्रिकोण भावों में हो।
- बुध और शुक्र की युति हो इस नक्षत्र में हो.
- यदि इस नक्षत्र में धनु राशि दसवें भाव में पड़ती है।
- यदि इस नक्षत्र में धनु राशि पहले भाव में पड़ती है।
- यदि मंगल इस नक्षत्र में केन्द्र या त्रिकोण भाव में हो।
- यदि राहु इस नक्षत्र में केंद्र या त्रिकोण भावों में है।
- यदि सूर्य और बुध इस नक्षत्र में त्रिकोण और धन देने वाले घरों में एक साथ युति कर रहे हैं।
- यदि इस नक्षत्र में चंद्रमा और राहु की युति धन देने वाले घरों में होती है।
- यदि इस नक्षत्र में केंद्र घरों में सूर्य और शुक्र एक साथ युति कर रहे हैं.

मघा नक्षत्र और केतु

मघा नक्षत्र का अनुवाद "शानदार" के रूप में किया जाता है और इसे शाही सिंहासन का प्रतीक माना जाता है। मघा नक्षत्र में पैदा हुए लोगों में अपने उच्चतम लक्ष्यों को प्राप्त करने के लिए शक्ति और स्थिति का उपयोग करने की क्षमता होती है। यह नक्षत्र शक्ति और धन का प्रतिनिधित्व करता है।

मघा में पितरों का शासन है। इस नक्षत्र में जन्म लेने वालों का अपने वंश से गहरा संबंध होता है। पितृ पक्ष का अर्थ है "पितरों का पखवाड़ा।" यह 16-चंद्र दिन की अवधि है जब हिंदू अपने पूर्वजों (पितरों) को भोजन देकर श्रद्धांजलि देते हैं। यह नक्षत्र सिंह राशि में आता है जिस पर सूर्य का शासन है जो कि पिता का प्रतिनिधित्व करता है.

यह नक्षत्र विनाशकारी कार्यों के लिए अनुकूल है जैसे किसी भी संरचना को ध्वस्त करना, आग लगाना जिसके लिए बल, हथियार और दुश्मनों का सामना करना पड़ता है।

सामान्य विशेषताएँ: उदार, आध्यात्मिक रूप से इच्छुक, पूर्वजों का सम्मान करने वाले, बहुत से लोगों का प्रबंधन करते हैं.

व्याख्या: शानदार

प्रतीक: शाही सिंहासन

पशु प्रतीक: नर चूहा

अधिष्ठाता देवता: पितृ

नियंत्रक ग्रह: केतु

केतु के अधिष्ठाता देवता: गणेश

स्वभाव: राक्षस लिंग: स्त्री

दोष: कफ

गुना: तामसिक

तत्व: जल

मघा नक्षत्र के लिए धन का ज्योतिषीय संयोजन

- यदि धन देने वाले घरों में चंद्रमा मघा नक्षत्र में है।
- यदि लग्न मघा नक्षत्र में है।
- यदि बुध मघा नक्षत्र में है।
- यदि बृहस्पति मघा नक्षत्र में है।
- यदि इस नक्षत्र में मंगल धन देने वाले घरों में है।
- यदि सूर्य मघा नक्षत्र में केन्द्र या त्रिक भावों में हो।
- यदि मंगल और बृहस्पति एक साथ धन या केंद्र भाव में युति कर रहे हैं.

श्रवण नक्षत्र और चंद्रमा

यह नक्षत्र गुरु को सुनने के माध्यम से सीखने से जुड़ा है; इसीलिए श्रवण के तहत पैदा हुए लोगों में सुनने के माध्यम से ज्ञान प्राप्त करने की उल्लेखनीय क्षमता होती है।

श्रवण के तहत पैदा हुए लोग लगातार ज्ञान की तलाश करते हैं और अक्सर उच्च शिक्षा के लिए विदेश यात्रा करते हैं। इन लोगों का अपने लक्ष्यों को प्राप्त करने और अपने द्वारा शुरू की गई सभी परियोजनाओं को पूरा करने पर बहुत ध्यान होता है।

सरस्वती और लक्ष्मी में मतभेद है। लेकिन इस नक्षत्र में सरस्वती और लक्ष्मी अपने मतभेद भुलाकर व्यक्ति को सफल बनाने में मदद करती हैं।

कहा जाता है कि श्रावण मास की पूर्णिमा यानी रक्षाबंधन के दिन चंद्रमा, श्रवण नक्षत्र में थे, जब वामन अवतार में भगवान विष्णु ने जब तीन पग भूमि मांगी थी, और उनके चरण आकाश में श्रवण नक्षत्र में थे। विद्वानों ने श्रवण नक्षत्र के तीन तारों को भगवान विष्णु के तीन चरण माने हैं।

भगवान विष्णु ने राजा बलि के यज्ञ को खंडित कर स्वर्ग पर देवताओं का अधिकार बनाए रखने के लिए ऐसा किया था। उन्होंने वामन के रूप में यज्ञ भूमि में प्रवेश किया और तीन पग भूमि के लिए अनुरोध किया। एक पग में सारी पृथ्वी

नापकर दूसरे पग में आकाश, तीसरा पग स्वयं राजा बलि के सिर पर रखकर उसे पाताल का राज्य प्रदान किया।

विशेषताएं: समृद्ध और धनवान

रासी (राशि चक्र) - मकर

रेंज - 10° 00' - 23° 20' मकर

व्याख्या: वह जो लंगड़ाता है और विष्णु के तीन कदम

प्रतीक: एक कान

पशु प्रतीक: एक मादा बंदर

अधिष्ठाता देवता: भगवान विष्णु

नियंत्रक ग्रह: चंद्रमा

चंद्रमा की अधिष्ठात्री देवी: पार्वती

स्वभाव: देवा

लिंग पुरुष

दोषः कफ

गुना: राजसिक

तत्व: वायु

श्रवण नक्षत्र के लिए धन का ज्योतिषीय संयोजन

- ❖ यदि लग्न इस नक्षत्र में है।
- ❖ यदि शनि इस नक्षत्र में धन देने वाले घरों में है।
- ❖ यदि चंद्रमा इस नक्षत्र में केंद्र या धन देने वाले घरों में है।
- ❖ यदि शनि इस नक्षत्र में केंद्र या त्रिकोण भावों में हो।
- ❖ यदि इस नक्षत्र में मंगल और बृहस्पति एक साथ युति करते हैं।
- ❖ यदि इस नक्षत्र में केंद्र या त्रिकोण भाव में शनि और गुरु एक साथ युति कर रहे हों.

उत्तर भाद्रपद नक्षत्र और शनि

बृहस्पति ग्रह मीन राशि पर शासन करता है। यह एक परिवर्तनशील, जलीय, स्त्री राशि, पैरों को नियंत्रित करने वाली और कुंडली का बारहवां भाव है।

प्रतिनिधित्व करता है - दांपत्य आनंद, जांच, चीजों का गहराई से विश्लेषण, दयालु, उदार, महान परामर्शदाता, उदार, सहानुभूतिपूर्ण, पोषित, सुस्त, अत्यधिक भावुक.

उत्तर भाद्रपद नक्षत्र का स्वामी ग्रह शनि है। इस नक्षत्र के देवता अहीरबुध्य हैं। अहीरबुध गहरे पानी के शिव का सर्प या रुद्र रूप है।

विश्वकर्मा शिल्प शास्त्र के अनुसार 11 रुद्रों में अहीर बुध्य तीसरे रुद्र हैं।

अहीरबुध्य एक अनंत या शेष नाग है जिसके एक हजार फन हैं जिनके सिर पर पृथ्वी सुशोभित है।

विशेषताएं: काला जादू, बुद्धि

रासी (राशि चक्र) - मीन

रेंज - 03° 20' - 16° 40' मीन

व्याख्या: बाद में शुभ एक

प्रतीक: एक अंतिम संस्कार खाट के दो पिछले पैर

पशु प्रतीक: एक मादा गाय

अधिष्ठाता देवता: हनुमान

नियंत्रक ग्रह: शनि

प्रकृति: निश्चित या स्थायी (ध्रुव)

लिंग पुरुष

दोष: पित्त

गुनाः मनुष्य गण

तत्व: ईथर

देवता: अहिर्बुध्न्य

उत्तर भाद्रपद नक्षत्र के लिए धन का ज्योतिषीय संयोजन

- ❖ यदि मंगल इस नक्षत्र में है।
- ❖ यदि शनि इस नक्षत्र में केंद्र या त्रिकोण भावों में हो।
- ❖ यदि शुक्र इस नक्षत्र में केंद्र या त्रिकोण भाव में हो।
- ❖ यदि इस नक्षत्र में राहु धन या केंद्र भाव में है।
- ❖ यदि इस नक्षत्र में शनि और राहु की युति धन देने वाले घरों में हो।
- ❖ यदि इस नक्षत्र में राहु और शुक्र एक साथ धन देने वाले घरों में युति कर रहे हों.

ज्येष्ठा नक्षत्र और बुध

धन की देवी मां लक्ष्मी के बारे में तो पूरा विश्व जानता है। लेकिन उनकी एक बड़ी बहन भी थी, जिनका नाम देवी अलक्ष्मी था। माता लक्ष्मी धन की देवी हैं जबकि माता अलक्ष्मी उनके विपरीत दरिद्रता की देवी हैं। शास्त्रों में मां अलक्ष्मी को दुर्भाग्य की देवी कहा गया है, इसलिए उनकी तस्वीर किसी भी घर में नहीं लगाई जाती है.

देवी लक्ष्मी की बड़ी बहन मां अलक्ष्मी का उल्लेख हिंदू धर्म के भागवत महापुराण में मिलता है। ऐसा माना जाता है कि जहां देवी अलक्ष्मी का वास होता है वहां अशुभ घटनाएं, पाप, आलस्य, दरिद्रता, दुख और रोग आते हैं, इसलिए इन्हें "दुर्भाग्य की देवी" भी माना जाता है।

भागवत महापुराण के अनुसार समुद्र मंथन में देवी अलक्ष्मी भी 14 रत्नों के साथ निकली थीं। समुद्र से निकलकर देवी लक्ष्मी ने भगवान विष्णु को चुना जबकि मां अलक्ष्मी ने राक्षसी शक्तियों की शरण ली।

मान्यताओं के अनुसार समुद्र मंथन से निकली होने के कारण इन्हें देवी लक्ष्मी की बड़ी बहन कहा जाता है। एक कथा यह भी है कि मां अलक्ष्मी शराब लेकर समुद्र से निकली थीं, इसलिए उन्हें भगवान विष्णु की अनुमति से राक्षसों को दे दिया गया था।

हिंदू धर्म में पूजनीय होने के बावजूद, घर में पीपल का पेड़ लगाना अशुभ माना जाता है, क्योंकि इसमें, दिन के एक समय देवी अलक्ष्मी का वास होता है। शास्त्रों के अनुसार दिन में मां लक्ष्मी और रात में मां अलक्ष्मी पीपल के पेड़ पर वास करती हैं।

ज्येष्ठा का अर्थ है "सबसे बड़ा" और वरिष्ठता से जुड़ा एक सितारा है। ज्येष्ठा नक्षत्र में पैदा हुए लोगों में महान सिद्धि की क्षमता होती है, लेकिन उन्हें पहले अपने आंतरिक संघर्षों से निपटना सीखना चाहिए।

ज्येष्ठा का प्रतीक एक कान की बाली या डिस्क है जो भगवान विष्णु और बुध की ऊर्जा का प्रतिनिधित्व करती है।

यह सुरक्षा और बौद्धिक क्षमता प्रदान करता है। ज्येष्ठा नक्षत्र में जन्म लेने वाले कमजोर या वंचितों को रक्षा देते हैं। सत्तारूढ़ देवता, भगवान इंद्र, एक चतुर और साहसी स्वभाव देते हैं।

ज्येष्ठा जातकों को अपनी पहचान को लेकर अत्यधिक चिंतित होने की प्रवृत्ति से सावधान रहना चाहिए। उनकी उदारता और दान सत्ता स्थापित करने की कुंजी है.

विशेषताएं: शानदार और विश्लेषणात्मक क्षमता

रेंज: 16° 40' - 30° 00' स्कॉर्पियो

पद: धनु, मकर, कुम्भ, मीन

व्याख्या: ज्येष्ठ

प्रतीक: विष्णु की डिस्क

पशु प्रतीक: एक नर हिरण

अधिष्ठाता देवता: भगवान इंद्र

नियंत्रक ग्रह: बुध

शासक देवता: विष्णु

प्रकृति: राक्षस

लिंग महिला

दोष: वात

गुना: सात्विक

तत्व: वायु

ज्येष्ठा नक्षत्र के लिए धन का ज्योतिषीय संयोजन

- यदि इस नक्षत्र में चंद्रमा और राहु की युति धन देने वाले घरों में होती है।

- यदि केतु इस नक्षत्र में केंद्र या त्रिकोण घरों में है।

- यदि नवम भाव में ज्येष्ठा नक्षत्र में बृहस्पति हो।

- यदि मंगल और गुरु ज्येष्ठा नक्षत्र में केन्द्र या त्रिकोण भाव में हों।

- यदि केंद्र या त्रिकोण घरों में इस नक्षत्र में बृहस्पति और बुध एक साथ युति कर रहे हैं।

- यदि इस नक्षत्र में केंद्र या धन देने वाले घरों में शनि और मंगल की एक साथ युति हो रही हो.

- यदि केंद्र भाव में इस नक्षत्र में मंगल और बुध एक साथ युति कर रहे हों.

हस्त नक्षत्र - चंद्रमा

नक्षत्रों में हस्त नक्षत्र का स्थान तेरहवां है। इस नक्षत्र का स्वामी चंद्रमा है। और इस नक्षत्र की राशि कन्या है।

इस नक्षत्र का जातक कन्या राशि से प्रभावित होता है जिसके कारण उसकी बौद्धिक क्षमता अच्छी होती है। उनके दिमाग में नई-नई योजनाएं उभरती रहती हैं। पढ़ने-लिखने में तेज होने के साथ-साथ ये शब्दों के जादूगर भी होते हैं।

इस नक्षत्र के जातक नौकरी की अपेक्षा व्यवसाय करना अधिक पसन्द करते हैं। व्यवसाय के प्रति अपने जुनून के कारण ये इस क्षेत्र में बहुत तेजी से आगे बढ़ते हैं। आर्थिक रूप से इनकी स्थिति अच्छी होती है। उनके पास बहुत पैसा होता है। वे सभी प्रकार के सांसारिक सुखों का आनंद लेते हैं और सुखी जीवन व्यतीत करते हैं.

यदि आपका जन्म हस्त नक्षत्र में हुआ है, तो आपके पास दुनिया को जीतने और शासन करने की पूरी शक्ति होती है। आपकी दृढ़ता और विचारों की स्थिरता आपको एक आम आदमी से अलग और श्रेष्ठता प्रदान करती है।

ये लोग आकर्षक, सौहार्दपूर्ण, रचनात्मक, व्यावहारिक, उदार, दृढ़निश्चयी, एक अवसर तलाशने वाले, आत्म-प्रेरित, विनोदी, आकर्षक, नियंत्रित करने वाले, कुशल, बुद्धिमान, केंद्रित, प्रेरक, खुद का बचाव करने में अच्छे होते हैं।

ये जातक स्वतंत्र होते हैं, जो अपने ज्ञान और समृद्धि के लिए जाने जाते हैं। हस्त नक्षत्र के जातक दयालु स्वभाव के होते हैं। जरूरतमंदों की निस्वार्थ मदद के लिए उन्हें हमेशा सराहना मिलती है.

हस्त नक्षत्र में जन्में जातक स्वभाव से मजबूत होते हैं। दूसरों के धन-संपत्ति में रुचि लेना इनके स्वभाव में होता है। हस्त शब्द हाथ को दर्शाता है और वैदिक ज्योतिष और हस्तरेखा विज्ञान के अनुसार, यह एक खुले हाथ से जुड़ा है, जो किसी व्यक्ति के भाग्य का प्रतिनिधित्व करता है। प्रतीकात्मक रूप से, यह शक्ति, एकता का प्रतीक है। इसके देवता सविता-सूर्य हैं। पुराणों के अनुसार सूर्य माता अदिति और ऋषि कश्यप के पुत्र हैं। वह सारथी अरुण के साथ सात घोड़ों (गायत्री, संवृहति, उष्णक, जगती, विस्तुभ, अनुष्टुभ, रक्ती) के रथ पर सवार होकर सभी का अवलोकन करते हुए यात्रा करते हैं।

विशेषताएं: हाथों का उपयोग करके जोड़तोड़ और उपचार

रेंज: 10° 00' - 23° 20' कन्या

पद: मेष, वृष, मिथुन, कर्क

व्याख्या: कला, नाटक, संगीत

प्रतीक: हाथ या मुट्ठी

पशु प्रतीक: भैंस

अधिष्ठाता देवता: सविता-सूर्य

नियंत्रक ग्रह: चंद्रमा

प्रकृति: प्रकाश

लिंग पुरुष

दोष: वात

गण: देव गण

गुना: राजस

तत्व: अग्नि

शरीर का अंग: कलाई, हाथ

हस्त नक्षत्र के लिए धन का ज्योतिषीय संयोजन

- यदि बुध हस्त नक्षत्र में है।
- धन देने वाले घरों में मंगल हस्त नक्षत्र में हो।
- यदि धन भाव में हस्त नक्षत्र में मंगल और बुध एक साथ युति कर रहे हों।
- यदि इस नक्षत्र में बृहस्पति और केतु एक साथ युति धन देने वाले घर में कर रहे हों।
- यदि हस्त नक्षत्र में बुध और शुक्र एक साथ युति कर रहे हों।
- यदि इस नक्षत्र में धन देने वाले घरों में शनि और बृहस्पति एक साथ हों.

शतभिषा नक्षत्र - राहु

यह वैतरणी नाम का आकाश का सबसे बड़ा तारा मंडल है। इसे ग्रीस में "एरिडेनस" कहा जाता है। एक हिंदू मान्यता है कि प्रत्येक व्यक्ति को मृत्यु के बाद वैतरणी नदी को पार करना होता है। हिंदू पौराणिक कथाओं के अनुसार, वैतरणी नदी उबलती रहती है और यह गंदे पदार्थों से भरी होती है। अच्छी आत्मा पिछले जन्मों के कर्मों के पुण्य से जल्दी से ऊपर उठती है और स्वर्ग में जगह पाने के लिए ऊपर की ओर बढ़ती है। पापियों के लिए वैतरणी नदी को पार कर नरक में स्थान प्राप्त करना होता है.

शतभिषा नक्षत्र को "100 चिकित्सक" के रूप में जाना जाता है और यह चिकित्सा और उपचार क्षमताओं से जुड़ा है और जिसका उपयोग दवाइयां बनाने में भी किया जाता है, और इसकी व्याख्या जीवन के रहस्यों को खोजने में होती है। यह उन शोधों और पहेलियों को भी इंगित करता है जो जीवन के दुखों की ओर उन्मुख हैं।

भगवान वरुण, जल तत्व और पश्चिम दिशा के स्वामी हैं। पुराणों में वरुण की वर्षा के लिए पूजा की जाती है। इस नक्षत्र में पैदा हुए लोग स्वतंत्र होते हैं और पहेलियों, अनुसंधानों में रुचि रखते हैं। शतभिषा एक गुप्त तारा है जो जीवन की छिपी शक्तियों पर ध्यान केंद्रित करता है। यह एक समावेशी जीवन की ओर ले जा सकता है और इस नक्षत्र में जन्म लेने वालों को अवसाद और एकांतवास से सावधान रहना

चाहिए। कुल मिलाकर, शतभिषा एक सत्यवादी, बोधगम्य और महत्वाकांक्षी प्रकृति प्रदान करता है.

विशेषताएं: स्वतंत्र

व्याख्या: सौ चिकित्सक

शता = 100, बेशज = चिकित्सक

प्रतीक: एक बैलगाड़ी, एक खाली घेरा, 100 चिकित्सक - इसमें उपचारात्मक शक्ति है और इसलिए, यह एक मरहम लगाने वाले का प्रतिनिधित्व कर सकता है।

पशु प्रतीक: एक महिला घोड़ा

देवता: भगवान वरुण, वर्षा और लौकिक जल के देवता

नियंत्रक ग्रह: राहु

राहु की अधिष्ठात्री देवी: दुर्गा

प्रकृति: राक्षसी

दोष: वात

गुना: तामसिक

तत्व: ईथर

पक्षी: रेवेन

पशु प्रतीक: मादा घोड़ा

शतभिषा नक्षत्र के लिए धन का ज्योतिषीय संयोजन

- यदि बृहस्पति इस नक्षत्र में केंद्र या त्रिकोण घरों में है।
- यदि सूर्य इस नक्षत्र में केंद्र या त्रिकोण घरों में है।
- यदि इस नक्षत्र में शनि धन देने वाले घरों में है।
- यदि बुध इस नक्षत्र में धन देने वाले घर में है।
- यदि मंगल इस नक्षत्र में केन्द्र या त्रिकोण भाव में हो.

अनुराधा नक्षत्र - शनि

प्रतिनिधित्व करता है - परामर्शदाता, करुणा और पूर्णतावाद। अनुराधा सफलता से संबंधित एक सितारा है और मुख्य रूप से सहयोग के माध्यम से प्रसिद्धि और पहचान पैदा करता है। यह नक्षत्र संख्याओं की असाधारण समझ रखने के लिए अंतर्ज्ञान और तर्क दोनों का उपयोग करता है।

अनुराधा नक्षत्र के जातक साझेदारी के माध्यम से चीजों को प्राप्त करने का प्रयास करते हैं। यह तारा विदेश यात्रा और सफलता का भी समर्थन करता है। अनुराधा के तहत पैदा हुए लोग सहयोग को बढ़ावा देते हैं और बड़े समूहों का नेतृत्व करने और उन्हें संगठित करने में सक्षम होते हैं।

अनुराधा नक्षत्र से जुड़े देवता को मित्र कहा जाता है। मित्र एक सौर देवता हैं जो सुबह की सूर्य की किरणें हैं। हालाँकि, उन्हें अपने हताश और उदासी के स्तर पर नज़र रखनी चाहिए। कमल के फूल की तरह, अनुराधा में दृढ़ता और कठिनाई के बीच खिलने की क्षमता है.

ज्योतिष शास्त्र में 27 राशियां होती हैं। इनमें 17वां नक्षत्र अनुराधा है। कहा जाता है कि इस नक्षत्र में जन्म लेने वाले जातक बहुत भाग्यशाली माने जाते हैं। इस नक्षत्र के स्वामी ग्रह शनि हैं, जो न्याय के देवता हैं और लोगों को उनके कर्मों के अनुसार फल देते हैं। इस नक्षत्र में जन्में जातकों पर शनि की कृपा होती है।

अनुराधा नक्षत्र में जन्मे जातकों पर भी मंगल का प्रभाव होता है। इसी वजह से ये लोग साहसी, पराक्रमी और ऊर्जावान होते हैं। ये स्वभाव से बहुत उत्साही और भावुक होते हैं। ये दूसरों के सामने खुलकर अपनी बात रखते हैं. किसी को बुरा या भला कहना होता है तो बिना झिझके कह देते हैं। वे बातों को तोड़-मरोड़ कर कहना नहीं जानते।

प्रतीक: कमल का फूल, जो कीचड़ में उगता है लेकिन उससे प्रभावित नहीं होता। इसलिए यह मिट्टी में उगने के बावजूद अपने आप को स्वच्छ और शुद्ध रखता है, यही कारण है कि यह उन के लिए एक प्रेरणा माना जाता है जो आध्यात्मिक विकास प्राप्त करना चाहते हैं।

विशेषताएं: धनी; विदेश में यात्रा करता है या रहता है; एक स्थान से दूसरे स्थान पर जाता है, भूख का सामना नहीं कर सकता.

रेंज: 03° 20' - 16° 40' स्कॉर्पियो

पद: सिंह, कन्या, तुला, वृश्चिक

व्याख्या: बाद की सफलता

पशु प्रतीक: एक मादा हिरण या खरगोश

नियंत्रक ग्रह: शनि

शनि के अधिष्ठाता देवता: हनुमान

स्वभाव: देवा

लिंग: पुरुष

दोष: पित्त

गुना: तामसिक

तत्व: अग्नि

स्वभाव: हल्का

पक्षी: बुलबुल

अनुराधा नक्षत्र के लिए धन का ज्योतिषीय संयोजन

- ❖ यदि सूर्य धन देने वाले भावों में अनुराधा नक्षत्र में है।
- ❖ यदि केतु धन देने वाले भावों में अनुराधा नक्षत्र में है।
- ❖ यदि शनि केंद्र या त्रिकोण भाव में अनुराधा नक्षत्र में हो।
- ❖ यदि बृहस्पति इस नक्षत्र में केंद्र या त्रिकोण घरों में है।
- ❖ यदि इस नक्षत्र में शनि और चंद्रमा की युति धन देने वाले घरों में हो।
- ❖ यदि शनि और मंगल इस नक्षत्र में धन या केंद्र देने वाले घरों में युति करते हैं.

कृतिका नक्षत्र

प्रतिनिधित्व: वैदिक ज्योतिष में, कृतिका मेष राशि के साथ-साथ वृष राशि में निवास करती है। कृतिका नाम का अनुवाद "काटना" के रूप में किया गया है और प्रतीक एक उस्तरा या तेज वस्तु है।

इस प्रकार, रचनात्मक और विनाशकारी दोनों प्रवृत्तियों के साथ एक महत्वपूर्ण प्रकृति इस तारे द्वारा प्रदर्शित की जाती है और अग्नि के साथ इसके संबंध के कारण इसे अग्नि का तारा भी कहा जाता है, जिसके दो सिर और सात जीभ हैं। अग्नि अनुष्ठानों या होमा के माध्यम से अग्नि बलिदानों का उपभोक्ता है। सिरों में से एक नश्वर सिर है; दूसरा सिर स्वर्ग से जुड़ा है। अग्नि के तीन पैर हैं, जो तीनों लोकों में अपनी उपस्थिति दर्शाता है।

अग्नि का तत्व भी कृतिका का प्रतिनिधित्व करता है क्योंकि इसके देवता अग्नि हैं। इस नक्षत्र में जन्म लेने वाले जातक उग्र स्वभाव के होते हैं। सूर्य सत्तारूढ़ ग्रह है, जो अग्नि और उच्चतम स्तर की शुद्धि का भी प्रतीक है।

कृतिका मूल के लोगों में एक साहसिक भावना होती है और वे लगातार नई जानकारी और अनुभवों को पाने की कोशिश करते हैं। शारीरिक गतिविधि और ऊर्जावान व्यवहार इस नक्षत्र के तहत पैदा हुए लोगों की विशेषता है। कार्तिकेय जिनका पालन-पोषण कृतिका ने किया, कृतिका से जुड़े

हुए भगवान स्कंद/कार्तिकेय, आकाशीय ईश्वरीय शक्तियों के सेनापति है।

कृतिका कालपुरुष के चेहरे, गर्दन, टॉन्सिलिटिस, निचले जबड़े, सिर के पिछले हिस्से पर शासन करती है। इस नक्षत्र से संबंधित रोग हैं पिंपल्स, आंखों में खून, टॉन्सिलाइटिस, गर्दन में सूजन, फोड़े-फुंसियां। उनकी जीभ भले ही तेज हो, फिर भी उनमें अद्भुत इच्छा-शक्ति और दूसरों को सहारा देने की क्षमता होती है। यह साहस, जागरूकता और शुद्धि का तारा है.

सामान्य विशेषताएँ: महानता को प्राप्त करने के लिए दृढ़, तेज, कट और भेदक. इसे मिश्रित नक्षत्र कहा जाता है। यह कोमल और साथ में कठोर नक्षत्र है। आग चीजों को वेल्ड कर सकती है और साथ ही यह चीजों को पिघला भी सकती है। यह रसोई में खाना बनाती है, लेकिन यह इसे जला भी सकती है। यह अग्नि पेट के भोजन को पचाने में भी मदद करती है।

व्याख्या: कटर

प्रतीक: उस्तरा, कुल्हाड़ी या ज्वाला

पशु प्रतीक: मादा भेड़

देवता: अग्नि और भगवान कार्तिकेय

नियंत्रक ग्रह: सूर्य

सूर्य के अधिष्ठाता देवता: शिव

प्रकृति: राक्षस (दानव)

दिशा: दक्षिण पूर्व

लिंग: महिला

दोषः कफ

गुना: राजस

तत्व: पृथ्वी

स्वभाव: मिश्रित (तेज और मुलायम दोनों)

कृतिका नक्षत्र के लिए धन का ज्योतिषीय संयोजन

- यदि राहु कृतिका नक्षत्र में केन्द्र घरों में है।
- यदि धन देने वाले घरों में बृहस्पति कृतिका नक्षत्र में है।
- यदि चंद्रमा कृतिका नक्षत्र में है।
- यदि इस नक्षत्र में केंद्र या त्रिकोण भावों में शुक्र और बुध एक साथ युति कर रहे हों।
- यदि इस नक्षत्र में मंगल धन देने वाले घरों में है.

स्वाति नक्षत्र और राहु

स्वाति नक्षत्र, शुक्र द्वारा शासित, तुला राशि में फैला पंद्रहवाँ स्वतंत्र नक्षत्र है।

प्रतिनिधित्व करता है - हवा में लहराते हुए पौधे, स्वतंत्र प्रकृति, तलवार, विद्या की देवी सरस्वती, ज्ञान, शंखनाद, परोपकारी, विमान उद्योग.

इस नक्षत्र में शनि उच्च का होता है। इस नक्षत्र के अधिष्ठाता देवता वायु देव हैं। यह नक्षत्र, वायु देव के पुत्र, भगवान हनुमान के साथ जुड़ा हुआ है। भगवान हनुमान को शनि देव की कृपा प्राप्त है।

जब रावण के पुत्र मेघनाथ का जन्म हुआ, तो रावण ने सभी नौ ग्रहों को पराजित कर मेघनाथ की कुंडली के 11वें भाव में स्थापित कर दिया, ताकि उसका पुत्र अजेय और अमर हो सके।

हालाँकि, शनि ऐसा नहीं करना चाहते थे, इसलिए उन्होंने अपना एक पैर, बारहवें घर में रख दिया था; रावण को एहसास हुआ कि यह मेघनाथ की मृत्यु का कारण है, और रावण ने शनि का एक पैर तोड़ दिया और इससे नाराज होकर उसे कैद कर लिया। गुलिका को शनि का खंडित पैर कहा जाता है।

जब हनुमान ने लंका में, माता सीता की खोज की तो हनुमान जी ने देखा कि शनि एक कोठरी में कैद रावण की गिरफ्त में था।

हनुमान ने शनि को बचाया और वे हनुमान से बहुत प्रसन्न हुए और हनुमान से वादा किया कि जो लोग शनिवार को उनकी पूजा करेंगे, उन्हें शनि की साढ़े साती के दर्दनाक प्रभाव से बचाया जाएगा।

यह शनि और भगवान हनुमान की कहानी है, शनि हमेशा हनुमान का पक्ष लेते हैं और इसी कारण से शनि को स्वाति नक्षत्र में अपनी अधिकतम ताकत मिलती है।

स्वाति नक्षत्र राहु का दूसरा नक्षत्र है, और यह नक्षत्र में मौजूद 27 नक्षत्रों में से 15वां है। इसकी राशि तुला है। इन सबके प्रभाव से इस नक्षत्र में जन्म लेने वाले व्यक्ति में सात्विक और तामसिक गुण होते हैं; अध्यात्म में इनकी गहरी आस्था होती है। यदि आपका जन्म स्वाति नक्षत्र में हुआ है तो आप मेहनती होंगे और अपने परिश्रम के बल पर सफल होने का साहस रखेंगे।

राहु को जातक के जीवन में उतार-चढ़ाव लाने वाला माना जाता है। इस छाया ग्रह की सीमा का कोई माप नहीं है; यह आकाश के रूप में और जमीन पर समुद्र के रूप में प्रकट होता है क्योंकि आप दोनों (आकाश और समुद्र) को माप नहीं सकते।

राहु को चंद्रमा और सूर्य का शत्रु कहा गया है, लेकिन राहु के बिना चंद्रमा और सूर्य भी आकाश में दिखाई नहीं देंगे, यदि आकाश नहीं होगा तो सूर्य और चंद्रमा भी नहीं होंगे।

स्वाति नक्षत्र हवा में पौधे का प्रतिनिधित्व करता है, जो लचीलेपन, चपलता और बेचैनी का प्रतिनिधित्व करता है।

राहु ग्रह शासक है और छिपी हुई क्षमता का प्रतीक है। स्वाति के तहत पैदा हुए लोग विनम्र होते हैं और अक्सर उन्हें अपनी महानता की क्षमता के बारे में सूचित करने की आवश्यकता होती है।

उनके पास नई जानकारी सीखने की स्वतंत्रता है, लेकिन उन्हें अनिर्णय और विलंब से बचना चाहिए। स्वाति के तहत पैदा हुए लोग कूटनीतिज्ञ होते हैं.

ये लोग सामाजिक शिष्टाचार में दृढ़ विश्वास रखते हैं और समाज में फिट होने की कोशिश करते हैं। स्वाति नक्षत्र जीवन में आगे चलकर सफलता दिला सकती है। स्वाति नक्षत्र का सार संतुलन है और इस नक्षत्र में पैदा हुए लोग कार्य करने के लिए अपना समय लेते हैं.

सितारा: स्वाति

राशि चक्र: तुला

रेंज: 06° 40' - 20° 00' **तुला**

प्रतीकः पौधे का अंकुर, घास का एक ब्लेड हवा में उड़ रहा है।

स्वाति में 'प्रध्वंसा शक्ति' नामक शक्ति है - नकारात्मकता का उन्मूलन।

स्वाति नक्षत्र राहु और वायु देवता का घर है।

पशु: भैंस (ताकत, धैर्य का प्रतीक)

शनि ग्रह - इस नक्षत्र में अधिकतम उच्चता पर पहुंचता है।

स्वाति नक्षत्र के लिए धन का ज्योतिषीय संयोजन

- ❖ इस नक्षत्र में धन देने वाले भावों में शुक्र और राहु की युति हो तो.

- ❖ यदि शनि इस नक्षत्र में केंद्र या त्रिकोण भाव में हो।

- ❖ यदि इस नक्षत्र में चंद्रमा धन देने वाले घरों में है।

- ❖ यदि शुक्र केंद्र या त्रिकोण भावों में स्वाति नक्षत्र में है।

- ❖ यदि राहु इस नक्षत्र में केंद्र या त्रिकोण घरों में है।

- ❖ यदि इस नक्षत्र में बृहस्पति धन देने वाले घरों में है।

- ❖ यदि इस नक्षत्र में सूर्य और बुध की युति धन देने वाले घरों में होती है।

- ❖ यदि इस नक्षत्र में केंद्र या त्रिकोण भाव में मंगल और बुध एक साथ युति कर रहे हों.

विशाखा नक्षत्र और बृहस्पति

विशाखा तुला और वृश्चिक राशियों को जोड़ती है। इसे दृढ़ता का नक्षत्र माना जाता है क्योंकि यह दृढ़ संकल्प देता है और किसी को अपने लक्ष्य पर बहुत केंद्रित बनाता है।

दुनिया में कुछ लोग ऐसे होते हैं जिन्हें कभी भी पैसों की कमी महसूस नहीं होती है। यदि धन की समस्या आ भी जाए तो वह अधिक समय तक नहीं रहती है। दरअसल विशाखा नक्षत्र में जन्मे लोग ऐसे ही भाग्यशाली होते हैं।

ज्योतिष शास्त्र के अनुसार 27 नक्षत्रों में विशाखा नक्षत्र का स्थान सोलहवां है। इस नक्षत्र का स्वामी बृहस्पति है। इसके तीन चरण तुला राशि में और अंतिम चरण वृश्चिक राशि में है। विशाखा नक्षत्र में जन्मे जातक अपनी बुद्धि के बल पर सफलता प्राप्त करते हैं। ये लोग पैसा कमाने और बचाने में माहिर होते हैं। कठिन परिस्थितियों में भी इनके पास धन की कोई कमी नहीं रहती है।

इस नक्षत्र के अंतर्गत जन्म लेने वाले जातक अक्सर खुद को एक ऐसे मोड़ पर पाते हैं जहां उन्हें अपने जीवन पथ का फैसला करना होता है। एक बार जब वे एक दिशा चुन लेते हैं, तो उनके पास सफल होने का धैर्य होता है, भले ही जीवन में बाद में सफलता मिले।

यह सितारा प्रतिस्पर्धा को बढ़ावा देता है और उत्कृष्ट नेतृत्व क्षमता भी देता है। विशाखा इंद्र और शुद्ध करने वाली अग्नि

का संयोजन है। इस प्रकार, जो जातक विशाखा नक्षत्र में पैदा हुए हैं, वह भावुक और उनमें योद्धा की ऊर्जा होती है.

विशेषता - बोलने में मंदबुद्धि और धन कमाने में कुशल

रासी (राशि चक्र): तुला/वृश्चिक

रेंज: 20° 00' तुला- 03° 20' वृश्चिक

पद: मेष, वृष, मिथुन, कर्क

व्याख्या: राधा

प्रतीक: कुम्हार का चाक और पेड़ की शाखाएँ दूसरों को आश्रय देती हैं

पशु प्रतीक: एक नर बाघ

पीठासीन देवता: भगवान इंद्र और भगवान अग्नि

नियंत्रक ग्रह: बृहस्पति

बृहस्पति के अधिष्ठाता देवता: शिव

प्रकृति: राक्षस (दानव)

लिंग महिला

गुना: सात्विक

तत्व: अग्नि

स्वभाव: तेज और मुलायम

विशाखा नक्षत्र के लिए धन का ज्योतिषीय संयोजन

- यदि शनि विशाखा नक्षत्र में है।
- यदि शुक्र धन देने वाले भावों में विशाखा नक्षत्र में है।
- यदि चंद्रमा विशाखा नक्षत्र में है।
- यदि शनि धन देने वाले घरों में विशाखा नक्षत्र में है।
- यदि इस नक्षत्र में राहु धन देने वाले घरों में है।
- यदि इस नक्षत्र में बृहस्पति और शुक्र की युति धन देने वाले घरों में है।
- यदि इस नक्षत्र में बुध और शुक्र की युति धन देने वाले घरों में है.

रेवती नक्षत्र और बुध

रेवती नक्षत्रों का समूह, मीन राशि में आता है। सत्तारूढ़ देवता - पूषन - पोषण प्रदान करते हैं और एक मूल निवासी के जीवन पर प्रकाश डाल सकते हैं।

यह तारा सुरक्षित यात्रा और फलदायी यात्राओं से जुड़ा है। रेवती का अर्थ है "धनवान" और बुध द्वारा शासित है। बुध के शासक विष्णु, अपनी पत्नी लक्ष्मी के साथ, धन और समृद्धि का प्रतीक हैं। रेवती नक्षत्र लक्ष्मी से संबंधित है। लक्ष्मी के आठ रूप बताए गए हैं:

1. **आदि लक्ष्मी**
2. **विद्या लक्ष्मी**
3. **विजया लक्ष्मी**
4. **धन्य लक्ष्मी**
5. **वीर लक्ष्मी**
6. **संतान लक्ष्मी**
7. **धन लक्ष्मी**
8. **गज लक्ष्मी**

रेवती नक्षत्र को मोक्ष से जोड़ने वाला नक्षत्र माना जाता है। रेवती नक्षत्र किसी भी महत्वपूर्ण सूचना को जनता तक पहुंचाने वाला माना जाता है. इस प्रकार यह नक्षत्र संचार

व्यवस्था, पत्रकारिता से भी जुड़ा है। रेवती नक्षत्र के देवता पूषा माने गए हैं, जो सूर्य का ही एक नाम है। रेवती नक्षत्र मीन राशि का प्रतिनिधित्व करता है.

इस नक्षत्र में जन्म लेने वाले लोग विनम्र, आकर्षक और सामाजिक होते हैं। उनके पास एक परिष्कृत स्वभाव है और वे हमेशा समर्थन या मदद करने के लिए तैयार रहते हैं। रेवती सबसे आशावादी और श्रद्धेय नक्षत्रों में से एक है जो बड़ी तस्वीर देख सकते हैं.

विशेषताएं: उत्तम अंग, गहरी शिक्षा, धन

व्याख्या: धनवान

प्रतीक: समुद्र में तैरता हुई मछली

पशु प्रतीक: एक मादा हाथी

पीठासीन देवता: पूषन, भेड़-बकरियों और झुंडों का पालन-पोषण करने वाला

नियंत्रक ग्रह: बुध

बुध के अधिष्ठाता देवता: विष्णु

स्वभाव: देवा

लिंग महिला

दोषः कफ

गुना: सात्विक

तत्व: ईथर

स्वभाव: हल्का

रेवती नक्षत्र के लिए धन का ज्योतिषीय संयोजन

* यदि शनि इस नक्षत्र में केंद्र या त्रिकोण भाव में हो।
* यदि सूर्य इस नक्षत्र में केंद्र या त्रिकोण घरों में है।
* यदि शुक्र इस नक्षत्र में केंद्र या त्रिकोण भावों में हो।
* यदि केंद्र या त्रिकोण भाव में शुक्र और सूर्य एक साथ युति कर रहे हों।
* धन देने वाले घरों में शनि और शुक्र की युति हो तो।
* धन देने वाले घरों में बृहस्पति रेवती नक्षत्र में हो।
* यदि केंद्र या त्रिकोण घरों में बृहस्पति और चंद्रमा एक साथ युति कर रहे हैं।
* यदि चंद्रमा और मंगल एक साथ केंद्र या त्रिकोण घरों में युति कर रहे हों।
* यदि शनि और राहु एक साथ इस नक्षत्र में केंद्र या त्रिकोण घरों में युति करते हैं।
* यदि मंगल और शुक्र एक साथ इस नक्षत्र में केंद्र या त्रिकोण घरों में युति कर रहे हैं।
* यदि बृहस्पति और मंगल इस नक्षत्र में केंद्र या त्रिकोण घरों में एक साथ युति करते हैं.

पुनर्वसु नक्षत्र और बृहस्पति

पूर्णवसु का अर्थ है फिर से अच्छा होना - "पुनर" का अर्थ है दोहराना और "वसु" का अर्थ है प्रकाश की किरण; इस प्रकार, पूर्णवसु पहले प्रयास मे हम असफल होते हैं, लेकिन दूसरे प्रयास में, हम जीत जाते हैं।

पुनर्वसु नक्षत्र के पहले तीन चरण मिथुन राशि में स्थित हैं और चौथा चरण कर्क राशि में है, जिसके कारण इस नक्षत्र में मिथुन राशि और इसके स्वामी ग्रह बुध और कर्क राशि और इसके स्वामी में चंद्रमा की ऊर्जा है।

बुध और गुरु के प्रभाव के कारण ये आर्थिक मामलों में पारंगत होते हैं; वे वित्तीय क्षेत्र में सफलता प्राप्त करते हैं। इन्हें मैनेजमेंट और बिजनेस में भी अच्छी सफलता मिलती है।

पुनर्वसु नक्षत्र जो आर्द्रा नक्षत्र से तूफान की तबाही के बाद फिर से जीवन लाता है। इस प्रकार रचनात्मक गतिविधियों को नवीनीकृत करने और एक नए विचार के साथ शुरुआत करने की भावना को दिखता है।

इस नक्षत्र का प्रतीक तीरों का तरकश है, जो इच्छा या महत्वाकांक्षा की ओर प्रयास करने की क्षमता से जुड़ा है।

सत्तारूढ़ देवता अदिति, बहुतायत की देवी और सभी ईश्वरीय प्राणियों की माँ हैं। अदिति' शब्दार्थ अर्थ आधि (शुरुआत) और इति (अंत) है। इसका अर्थ है वह जो आदि में और अंत

में उपस्थित हो। वह ऋषि कश्यप की पत्नी हैं और जिन्होंने विष्णु के वामन अवतार को जन्म दिया.

सामान्य विशेषताएँ: दो रथ

कार्यक्षेत्र: '02° 00' मिथुन - 03° 20' कर्क

पद: मेष, वृष, मिथुन, कर्क

व्याख्या: अमीर फिर से

प्रतीक: बाणों का धनुष और तरकश

पशु प्रतीक: मादा बिल्ली

अधिष्ठाता देवता: अदिति, फसल की देवी और पृथ्वी की माँ जिसे बहुतायत के रूप में भी जाना जाता है। ये बारह आदित्यों की माता भी हैं।

नियंत्रक ग्रह: बृहस्पति

बृहस्पति के अधिष्ठाता देवता: शिव

स्वभाव: देव

लिंग: महिला

दोष: वात

गुना: सात्विक

तत्व: जल

पक्षी: हंस

पुनर्वसु नक्षत्र के लिए धन का ज्योतिषीय संयोजन

- ❖ यदि मंगल केंद्र या त्रिकोण घरों में पुनर्वसु नक्षत्र में है।
- ❖ यदि केंद्र या त्रिकोण घरों में सूर्य पुनर्वसु नक्षत्र में है।
- ❖ यदि इस नक्षत्र में सूर्य और मंगल एक साथ युति कर रहे हों।
- ❖ यदि इस नक्षत्र में बृहस्पति और सूर्य की युति धन देने वाले घरों में हो।
- ❖ यदि शुक्र इस नक्षत्र में धन भाव के दूसरे भाव में हो।
- ❖ यदि शनि इस नक्षत्र में केंद्र या त्रिकोण भाव में हो.

पुष्य नक्षत्र

पुष्य को "पोषण करने वाला" कहा जाता है, जो इस तारे के सार को व्यक्त करता है। इसलिए, यह नक्षत्र पोषण का तारा है। यह एक गाय के थन द्वारा प्रतीकात्मक रूप से दर्शाया जाता है, जो कि पोषण है।

प्रतिनिधित्व - सलाहकार, चिकित्सक, अनुवादक, आध्यात्मिक जो परिवर्तन लाना चाहते हैं, व्यवसाय गुरु, फिटनेस गुरु।

गाय हिंदू परंपरा और धर्म में पूजनीय है और उर्वरता और उत्पादकता का प्रतीक है। बृहस्पति पुष्य के अधिपति देवता हैं, जो परोपकार के गुण प्रदान करते हैं, शासक ग्रह शनि प्रतिबद्धता और व्यावहारिकता लाता है। इस नक्षत्र में पैदा हुए लोगों में परिवार, घर और समुदाय की भावना प्रबल होती है।

इन जातकों को जीवन के प्रति एक संतुलित दृष्टिकोण की आवश्यकता होती है और परिणामस्वरूप, वे इस संतुलन को बनाने के लिए बहुत कठोर हो सकते हैं। पुष्य सभी सितारों में सबसे सौम्य है और आध्यात्मिक खोज के लिए एक अनुकूल नक्षत्र माना जाता है। इस नक्षत्र के अंतर्गत जन्म लेने वाले भरोसेमंद, उदार, सुरक्षात्मक और शांत होते हैं।

यह बृहस्पति और शनि दोनों ग्रहों से प्रभावित है। इस नक्षत्र में सभी प्रकार की पूजा, प्रार्थना और साधना सफल होती है. इस नक्षत्र में सोना खरीदना शुभ माना जाता है।

रविवार या गुरुवार को पुष्य नक्षत्र हो तो क्रय-विक्रय करना शुभ माना जाता है। ऐसा इसलिए क्योंकि भरत (श्री राम के भाई) का जन्म नक्षत्र पुष्य था।

पुष्य नक्षत्र, विवाह में सदैव वर्जित रहता है। क्योंकि भगवान ब्रह्मा जी ने अपनी पुत्री का विवाह गुरु पुष्य नक्षत्र में करने का निश्चय किया था, पर वे स्वयं उसके रूप और रूप-सौंदर्य पर मुग्ध थे; इस कारण ब्रह्मा जी ने इस योग को श्राप देकर विवाह पर रोक लगा दी। इसलिए गुरु पुष्य में विवाह संस्कार वर्जित कर देना चाहिए।

विशेषताएं: भरमवरचार्य, आध्यात्मिक ऊर्जा का दोहन करने की शक्ति

रेंज: 03° 20' - 16° 40' **कर्क**

पद: सिंह, कन्या, तुला, वृश्चिक

व्याख्या: पोषण करने वाला

प्रतीक: गाय का थन

पशु प्रतीक: एक बकरी

अधिष्ठाता देवता: बृहस्पति

नियंत्रक ग्रह: शनि

शनि के अधिष्ठाता देवता: हनुमान

स्वभाव: देव

लिंग पुरुष

दोष: पित्त

गुना: तामसिक

तत्व: जल

स्वभाव: हल्का और तेज

पक्षी: समुद्री कौवा

पुष्य नक्षत्र के लिए धन का ज्योतिषीय संयोजन

❖ यदि इस नक्षत्र में बुध धन या केंद्र भाव में हो।

❖ यदि शुक्र इस नक्षत्र में केंद्र या त्रिकोण भावों में है।

❖ यदि शनि इस नक्षत्र में केंद्र या त्रिकोण भाव में हो।

❖ यदि इस नक्षत्र में बृहस्पति और बुध एक साथ युति कर रहे हों।

❖ यदि इस नक्षत्र में शनि और शुक्र की युति हो।

❖ यदि केतु और बृहस्पति इस नक्षत्र में केंद्र और त्रिकोण घरों में एक साथ युति कर रहे हैं।

❖ यदि राहु इस नक्षत्र में केंद्र या धन देने वाले घरों में है।

❖ यदि शुक्र इस नक्षत्र में धन देने वाले घरों में है।

❖ यदि सूर्य पुष्य नक्षत्र में हो।

❖ शनि केंद्र और त्रिकोण भावों में पुष्य नक्षत्र में हो।

❖ यदि चंद्रमा त्रिकोण या धन देने वाले घरों में पुष्य नक्षत्र में है।

❖ यदि इस नक्षत्र में चंद्रमा और शुक्र एक साथ युति कर रहे हों.

उदाहरण अध्ययन - 1

लग्न कुंडली

नीचे लग्न कुंडली है

यह एक पुरुष जातक का चार्ट है जो करोड़पति है क्योंकि उसने विदेशों में जाकर अपनी आईटी नौकरी में काम करते हुए बहुत संपत्ति अर्जित की। उन्हें अपने परिवार और किराए की आय से विरासत मिली। उन्होंने 2015 से अपना आईटी स्टार्ट-अप वेंचर शुरू किया। राशि चार्ट में, 11वें भाव का स्वामी सूर्य, धन के दूसरे भाव में अनुराधा नक्षत्र में है। द्वितीयेश मंगल, पंचम भाव में शतभिषा नक्षत्र में दशमेश चंद्रमा के साथ है और 11वें भाव पर दृष्टि कर रहा है। बृहस्पति, दूसरे भाव में शनि के अनुराधा नक्षत्र (शनि चौथे और पांचवें का स्वामी) में है. केतु दशम भाव में है और बृहस्पति की दृष्टि प्राप्त कर रहा है. चंद्रमा, बृहस्पति के पूर्वाभाद्रा नक्षत्र में है जो दूसरे भाव में है। **इस तरह हम 2रा, 5वां, 10वां और 11वाँ भावों का कनेक्शन स्वामीत्व से, दृष्टि से, युति से, नक्षत्र माध्यम से धन का संयोजन देखते हैं।**

भृगु नंदी नाडी शुक्र गृह के डीएनए से

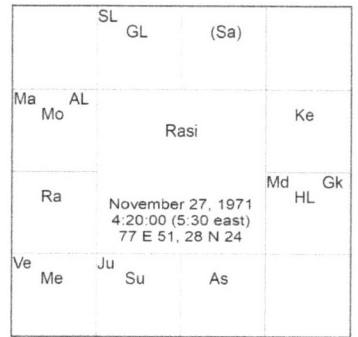

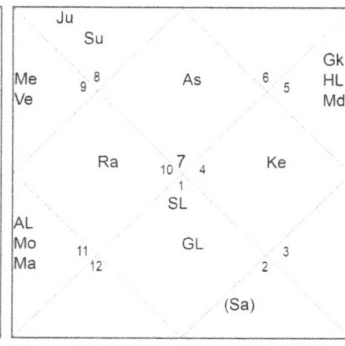

As:	7 Li 43	Su:	10 Sc 35- MK	Mo:	26 Aq 53- AK	Ma:	18 Aq 02- BK
Me:	2 Sg 08- DK	Ju:	21 Sc 01- AmK	Ve:	3 Sg 52- GK	Sa (R):	9 Ta 29- PK
Ra:	15 Cp 02	Ke:	15 Cn 02	HL:	23 Le 10	GL:	28 Ar 23

इंदु लग्न

नीचे इंदु लग्न है

इंदु लग्न की गणना करें तो यह कन्या राशि में आएगा। यदि हम इंदु लग्न बनाते हैं तो हम देखते हैं कि लग्नेश बुध चतुर्थ भाव में द्वितीय और नवम भाव के स्वामी शुक्र के साथ है जो **केंद्र और त्रिकोण संबंध के संयोजन को दर्शाता** है। कन्या लग्न के लिए शुक्र योगकारक ग्रह है और शुक्र के साथ बुध की युति बहुत ही उत्तम लक्ष्मी नारायण योग देती है.

शनि 5 वें भाव का स्वामी है और भाग्य के 9वें घर में स्थित है और 11वें भाव पर दृष्टि डालता है, शनि पर 7वें और चौथा का स्वामी बृहस्पति की दृष्टि है।

इस तरह हम लग्न, 2रा, 4था, 5वाँ भाव, 9वां और 11वां घर और 7वाँ भावों का कनेक्शन स्वामीत्व से, दृष्टि से, युति माध्यम से धन का संयोजन देखते हैं।

भृगु नंदी नाडी शुक्र गृह के डीएनए से

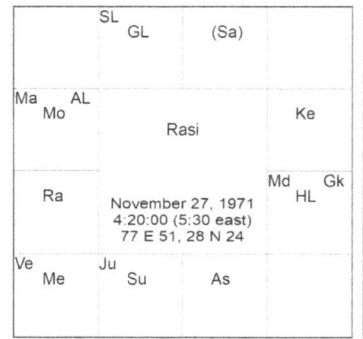
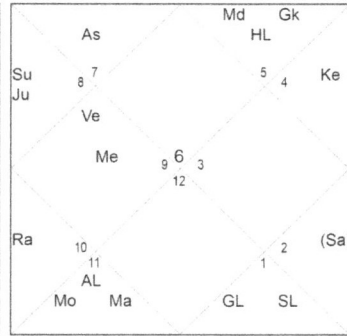

As:	7 Li 43	Su:	10 Sc 35- MK	Mo:	26 Aq 53- AK	Ma:	18 Aq 02- BK
Me:	2 Sg 08- DK	Ju:	21 Sc 01- AmK	Ve:	3 Sg 52- GK	Sa (R):	9 Ta 29- PK
Ra:	15 Cp 02	Ke:	15 Cn 02	HL:	23 Le 10	GL:	28 Ar 23

शुक्र लग्न

आइए देखते हैं शुक्र लग्न के माध्यम से

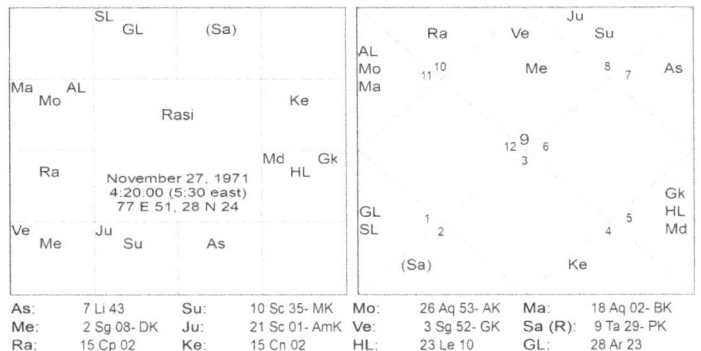

As:	7 Li 43	Su:	10 Sc 35- MK	Mo:	26 Aq 53- AK	Ma:	18 Aq 02- BK
Me:	2 Sg 08- DK	Ju:	21 Sc 01- AmK	Ve:	3 Sg 52- GK	Sa (R):	9 Ta 29- PK
Ra:	15 Cp 02	Ke:	15 Cn 02	HL:	23 Le 10	GL:	28 Ar 23

यदि हम शुक्र को लग्न बनाते हैं तो हम देखते हैं कि शुक्र 11वें भाव का स्वामी है जो 7वें और 10वें स्वामी बुध के साथ युति कर रहा है। **यदि हम लग्न को शुक्र बनाते हैं, तो राहु को बीएनएन के अनुसार, अष्टलक्ष्मी का एक उदाहरण देख सकते हैं, क्योंकि राहु, शुक्र से दूसरे भाव में स्थित है.**

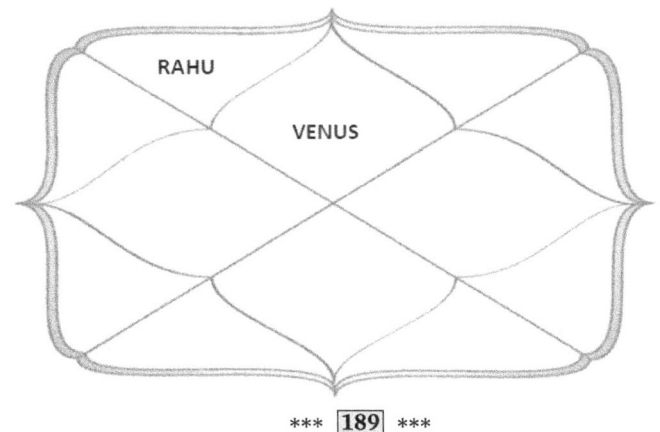

मंगल, शुक्र से तृतीय भाव में है.

शुक्र युति मंगल - वीर लक्ष्मी और धैर्य लक्ष्मी

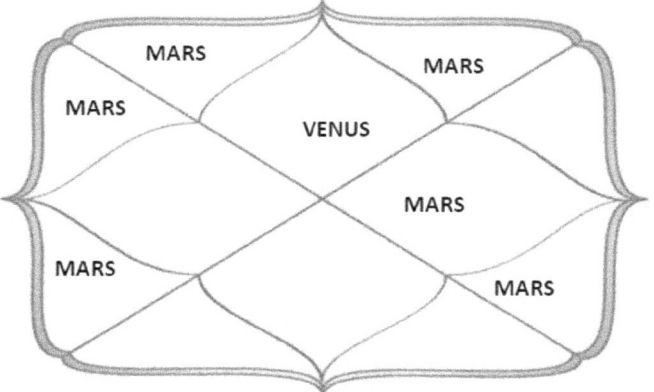

उदाहरण अध्ययन - 2

लग्न कुंडली

नीचे लग्न कुंडली है

यह एक पुरुष जातक का चार्ट है जो आईटी में काम कर रहा है और उसके नाम पर अच्छी संपत्ति है। राशि चार्ट में, 11 वें भाव का स्वामी शुक्र, धन के दूसरे घर में है और दूसरे घर का स्वामी सूर्य पहले घर में है जिस पर 9वें भाव का स्वामी बृहस्पति की दृष्टि है.

7वें घर का स्वामी, संपत्ति के चौथे भाव में शनि उच्च का है और इसका राशि मालिक शुक्र, धन के दूसरे भाव में **पूर्वाफाल्गुनी नक्षत्र** में है। सूर्य, केंद्र भाव में शनि के **पुष्य नक्षत्र** में है।

9वें भाव का स्वामी बृहस्पति, पंचम भाव में (शनि के **अनुराधा नक्षत्र** में है) जिसकी 11वें भाव पर दृष्टि है. **हम देखते हैं कि लग्न, 2रा, 4था, 5वां, 9वां और 11वां घर जुड़े हुए हैं।**

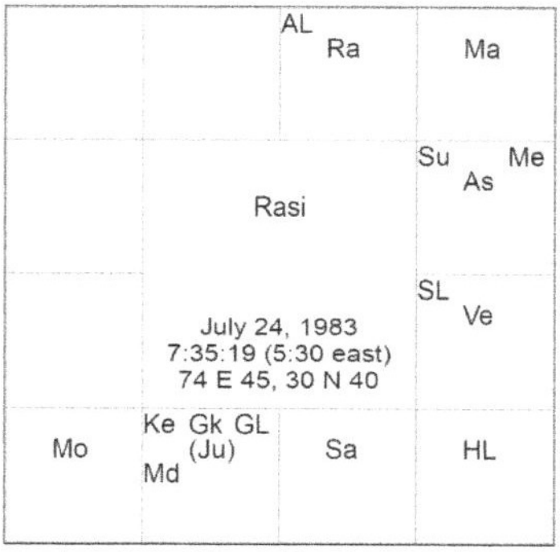

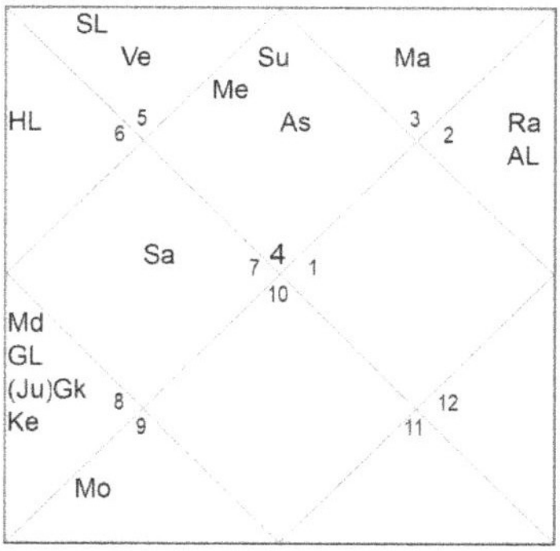

भृगु नंदी नाडी शुक्र गृह के डीएनए से

As:	29 Cn 43	Su:	7 Cn 02- GK	Mo:	27 Sg 18- AK	Ma:	22 Ge 57- AmK
Me:	22 Cn 17- BK	Ju (R):	7 Sc 30- PK	Ve:	13 Le 50- MK	Sa:	4 Li 32- DK
Ra:	29 Ta 27	Ke:	29 Sc 27	HL:	0 Vi 52	GL:	21 Sc 44

Chart data: July 24, 1983, 7:35:19 (5:30 east), 74 E 45, 30 N 40

इंदु लग्न

नीचे इंदु लग्न है

इंदु लग्न की गणना करें तो यह मीन राशि में आएगा।

यदि हम मीन लग्न बनाते हैं, तो हम देखते हैं कि लग्न और 10वें घर का स्वामी स्वामी गुरु, भाग्य के 9वें भाव में है।

इंदु लग्न का स्वामी बृहस्पति है जो लग्न और पंचम भाव को देख रहा है। चतुर्थ और सप्तमेश (बुध) पर गुरु की दृष्टि है। नवम भाव का स्वामी मंगल चतुर्थ भाव में है जो 5वें भाव के स्वामी चंद्रमा को देखता है। इंदु लग्न से दूसरे भाव का स्वामी मंगल है जो चौथे भाव में है। इन्दु लग्न से चतुर्थ भाव का स्वामी बुध है जो पंचम भाव में है. इंदु लग्न से केंद्र और त्रिकोण में शुभ ग्रह स्थित हैं. इसी तरह हम इंदु लग्न में धन का वादा देखते हैं क्योंकि केंद्र और त्रिकोण घर इंदु लग्न और उसके स्वामी के साथ जुड़े हुए हैं।

As:	29 Cn 43	Su:	7 Cn 02- GK	Mo:	27 Sg 18- AK	Ma:	22 Ge 57- AmK
Me:	22 Cn 17- BK	Ju (R):	7 Sc 30- PK	Ve:	13 Le 50- MK	Sa:	4 Li 32- DK
Ra:	29 Ta 27	Ke:	29 Sc 27	HL:	0 Vi 52	GL:	21 Sc 44

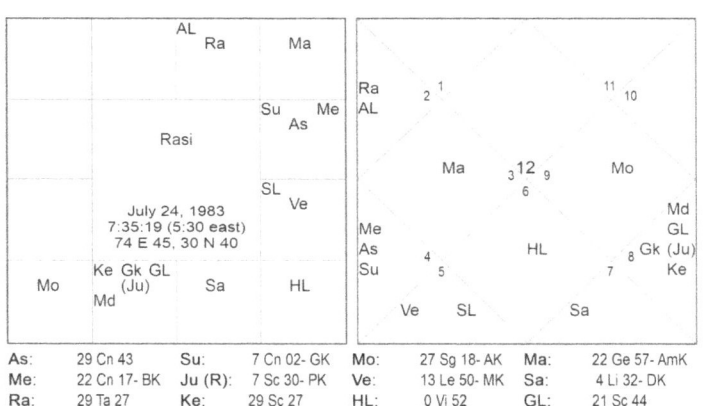

शुक्र लग्न

आइए देखते हैं शुक्र लग्न के माध्यम से

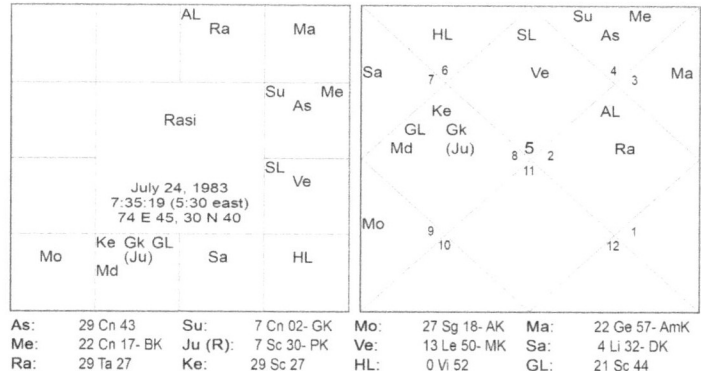

As:	29 Cn 43	Su:	7 Cn 02- GK	Mo:	27 Sg 18- AK	Ma:	22 Ge 57- AmK
Me:	22 Cn 17- BK	Ju (R):	7 Sc 30- PK	Ve:	13 Le 50- MK	Sa:	4 Li 32- DK
Ra:	29 Ta 27	Ke:	29 Sc 27	HL:	0 Vi 52	GL:	21 Sc 44

यदि हम शुक्र को लग्न बनाते हैं, तो हम देखते हैं कि **चंद्रमा, शुक्र के साथ त्रिकोण में है।** बृहस्पति केंद्र भाव में है।

राहु केंद्र भाव में है जो अपने धार्मिक कर्मों से धन को दर्शाता है।

शनि, शुक्र से तीसरे भाव में है जो **आदि लक्ष्मी** को दर्शाता है.

शुक्र को लगन बना कर हम देखते हैं संतान लक्ष्मी, आदि लक्ष्मी और धन लक्ष्मी.

नीचे धन लक्ष्मी का उदाहरण दिया गया है।

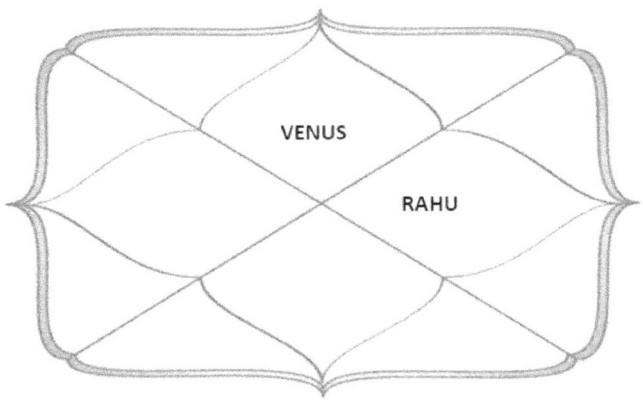

नीचे आदि लक्ष्मी का उदाहरण दिया गया है।

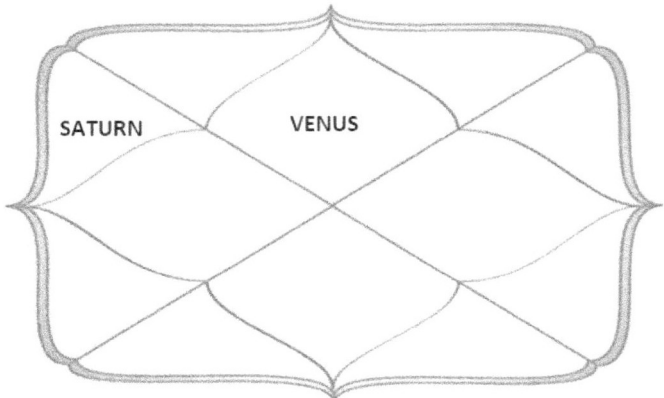

धान्य लक्ष्मी - फसल और अनाज की देवी

नीचे धान्य लक्ष्मी का उदाहरण दिया गया है क्योंकि चंद्रमा, शुक्र के साथ त्रिकोण में है इस कुंडली में।

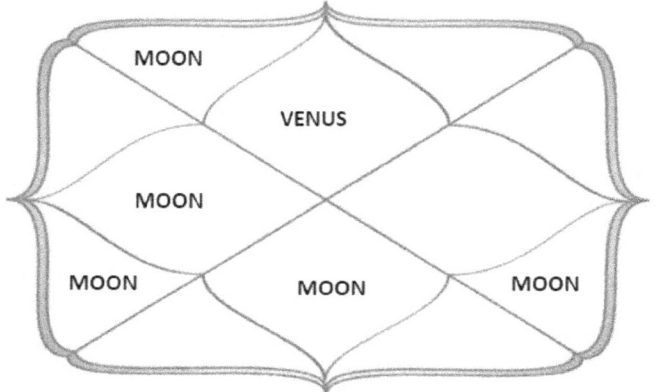

उदाहरण अध्ययन - 3

लग्न कुंडली

नीचे लग्न कुंडली है

यह एक ऐसे पुरुष जातक का चार्ट है जो एक करोड़पति है जो पिता के साथ मिलकर व्यवसाय करता है। हम देखते हैं कि अधिकतम ग्रह दसवें और ग्यारह वें भाव में स्थित हैं।

राशि चार्ट में, लग्न शनि के **उत्तराभद्रा नक्षत्र** में है जो लाभ के 11वें घर में है और लग्न और 10वें भाव के स्वामी बृहस्पति को देखता है. शनि और राहु की युति मेगा धन देती है क्योंकि यह उच्च बृहस्पति द्वारा देखा जाता है। राहु और शनि एक साथ 11वें भाव में **उत्तराषाढ़ा नक्षत्र** में युति कर रहे हैं.

शुक्र और बुध दशम (चतुर्थ और सप्तमेश) भाव में **पूर्वाषाढ़ा नक्षत्र** में एक साथ युति कर रहे हैं। और इसी तरह हम देखते हैं कि केंद्र और त्रिकोण घर जुड़े हुए हैं. इनके पास **पैसा** राहु की महादशा में **बृहस्पति, शनि, बुध, केतु, शुक्र की अंतर्दशा में 2011से आया.**

भृगु नंदी नाडी शुक्र ग्रह के डीएनए से

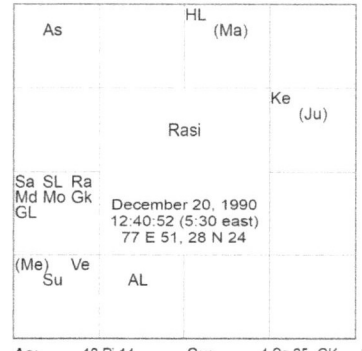

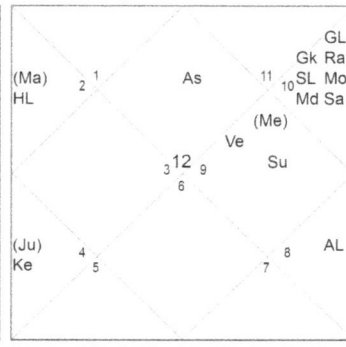

As:	12 Pi 14	Su:	4 Sg 25- GK	Mo:	8 Cp 23- MK	Ma (R):	5 Ta 03- PK
Me (R):	13 Sg 31- BK	Ju (R):	19 Cn 13- AK	Ve:	16 Sg 20- AmK	Sa:	0 Cp 37- DK
Ra:	6 Cp 02	Ke:	6 Cn 02	HL:	19 Ta 34	GL:	27 Cp 38

इंदु लग्न

नीचे इंदु लग्न है

इंदु लग्न की गणना करें तो वह कुम्भ राशि में आएगा.

इंदु लग्न का स्वामी शनि 12वें भाव में जो दूसरे भाव और दूसरे भाव के स्वामी और 11वें भाव के स्वामी बृहस्पति पर दृष्टि डाल रहा है। 2रे और 11वें भाव के स्वामी बृहस्पति की दूसरे भाव, 11वें भाव और लग्न के स्वामी शनि पर दृष्टि है, और नवमेश शुक्र और पंचमेश बुध पर दृष्टि कर रहा है। नवमेश शुक्र 11वें भाव में, 5वें भाव के स्वामी बुध और 7वें भाव के स्वामी सूर्य के साथ है।

दशमेश मंगल की दशम भाव, चतुर्थेश और नवमेश शुक्र पर दृष्टि; पंचमेश बुध और सप्तमेश सूर्य पर दृष्टि. **इस तरह हम देखते हैं कि केंद्र और त्रिकोण घर, धन भाव और कर्म भाव से जुड़े हुए हैं.**

As:	11 Pi 56	Su:	4 Sg 25- GK	Mo:	8 Cp 23- MK	Ma (R):	5 Ta 03- PK
Me (R):	13 Sg 31- BK	Ju (R):	19 Cn 13- AK	Ve:	16 Sg 20- AmK	Sa:	0 Cp 37- DK
Ra:	6 Cp 02	Ke:	6 Cn 02	HL:	19 Ta 08	GL:	26 Cp 32

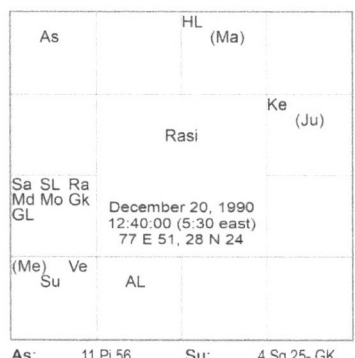

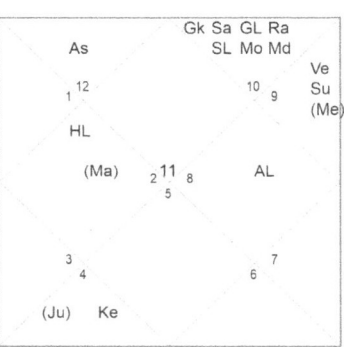

शुक्र लग्न

आइए देखते हैं शुक्र लग्न के माध्यम से

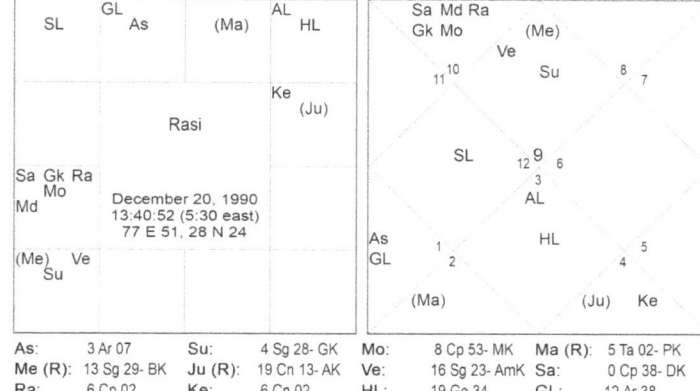

As:	3 Ar 07	Su:	4 Sg 28- GK	Mo:	8 Cp 53- MK	Ma (R):	5 Ta 02- PK
Me (R):	13 Sg 29- BK	Ju (R):	19 Cn 13- AK	Ve:	16 Sg 23- AmK	Sa:	0 Cp 38- DK
Ra:	6 Cp 02	Ke:	6 Cn 02	HL:	19 Ge 34	GL:	12 Ar 38

यदि हम शुक्र को लग्न बनाते हैं तो हम देखते हैं कि राहु शुक्र से दूसरे भाव में है।

राहु को बीएनएन के अनुसार, **अष्टलक्ष्मी का एक उदाहरण देख सकते हैं, क्योंकि राहु, शुक्र से दूसरे भाव में स्थित है.**

धन लक्ष्मी - भौतिक धन की देवी

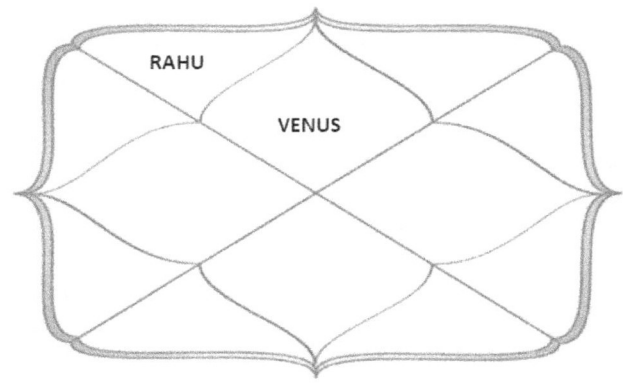

शुक्र से दूसरे भाव में चंद्रमा, **धान्य** लक्ष्मी को दर्शाता है।

धान्य लक्ष्मी - फसल और अनाज की देवी

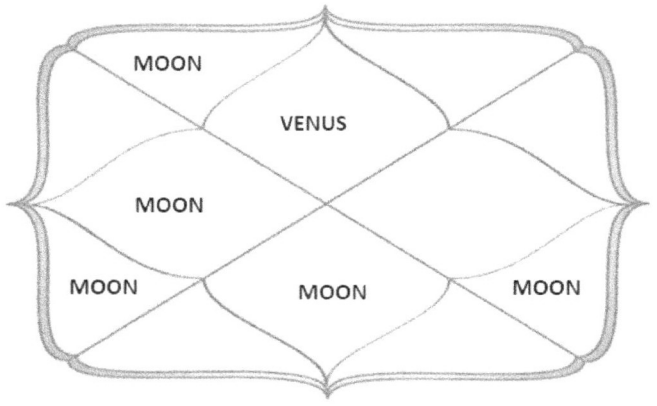

शनि, शुक्र के दूसरे भाव में है।

आदि लक्ष्मी - आदि माता देवी

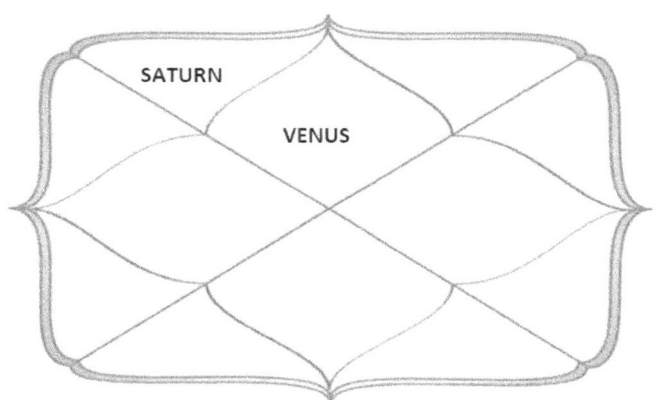

उदाहरण अध्ययन - 4

लग्न कुंडली

नीचे लग्न कुंडली है

यह एक पुरुष जातक का चार्ट है जिसने आईटी में अपना करियर शुरू किया, और 2019 से 2020 तक वह अपने स्वयं के उद्यमों में स्थानांतरित हो गया। वह किराए की आय से अच्छी रकम प्राप्त करता है। उन्होंने, 2013 से पैसा, व्यापार से भी साथ साथ कामाया. राशि चार्ट में, लग्नेश शुक्र 11वें घर में उच्च का है, जिस पर योगकारक 9वें स्वामी शनि की दृष्टि है। वृष लग्न में शनि केंद्र और त्रिकोण भावों का स्वामी है। **मघा नक्षत्र** में बृहस्पति और मंगल एक साथ केंद्र भाव में युति कर रहे हैं। सूर्य दशम भाव में **शतभिषा नक्षत्र** में है। केतु **धनिष्ठा नक्षत्र** में 10वें भाव में है. शुक्र, बुध के **रेवती नक्षत्र** में है, जो दूसरे और पांचवें भाव का स्वामी है। लाभ स्थान के स्वामी गुरु, द्वितीय भाव का स्वामी बुध पर दृष्टि डाल रहे हैं। नवमेश शनि की दृष्टि 11वें भाव और लग्नेश शुक्र पर है। तो हम देखते हैं कि **लग्नेश, 2रा, 5वां, 9वां और 11वां भाव आपस में दृष्टि, नक्षत्र के द्वारा जुड़े हुए हैं।**

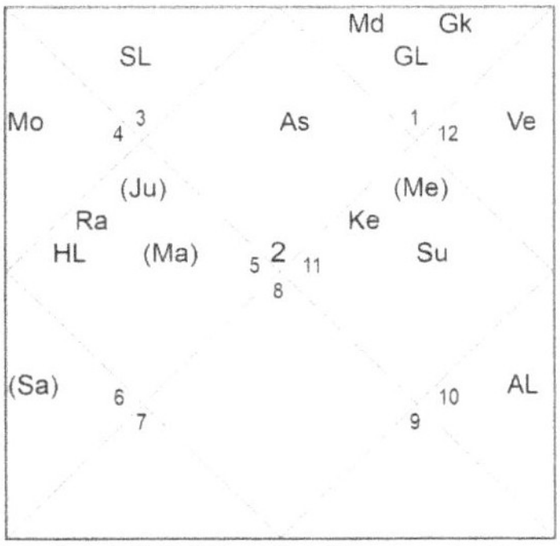

एस. प्रकाश

Ve	Md Gk GL As		SL
(Me) Ke Su	Rasi		Mo
AL	February 28, 1980 12:25:41 (5:30 east) 76 E 33, 25 N 51		(Ju) Ra HL (Ma)
			(Sa)

	SL		Md Gk GL
Mo $_4$ ^{3}		As	^{1} $_{12}$ Ve
Ra HL	(Ju) (Ma)	$_5$ ^{2} $_{11}$ $_8$	Ke (Me) Su
(Sa)	$_6$ $_7$		$_{10}$ $_9$ AL

As:	26 Ta 56	Su:	15 Aq 17- MK	Mo:	16 Cn 58- BK	Ma (R):	11 Le 00- GK
Me (R):	27 Aq 32- AmK	Ju (R):	11 Le 16- PK	Ve:	27 Pi 54- AK	Sa (R):	1 Vi 14- DK
Ra:	5 Le 15	Ke:	5 Aq 15	HL:	1 Le 27	GL:	11 Ar 02

इंदु लग्न

नीचे इंदु लग्न है

इंदु लग्न की गणना करें तो यह भी वृष राशि में आएगा।

इंदु लगन स्वामी फिर से शुक्र है जो उच्च का है और वर्गोत्तम ग्रह है जिस पर 9वें और 10वें स्वामी शनि की दृष्टि है।

मंगल सातवें भाव का स्वामी है जो शुक्र को भी देख रहा है इसलिए 1, 5, 9, 7 और 11 भाव जुड़े हुए हैं।

As:	26 Ta 56	Su:	15 Aq 17- MK	Mo:	16 Cn 58- BK	Ma (R):	11 Le 00- GK
Me (R):	27 Aq 32- AmK	Ju (R):	11 Le 16- PK	Ve:	27 Pi 54- AK	Sa (R):	1 Vi 14- DK
Ra:	5 Le 15	Ke:	5 Aq 15	HL:	1 Le 27	GL:	11 Ar 02

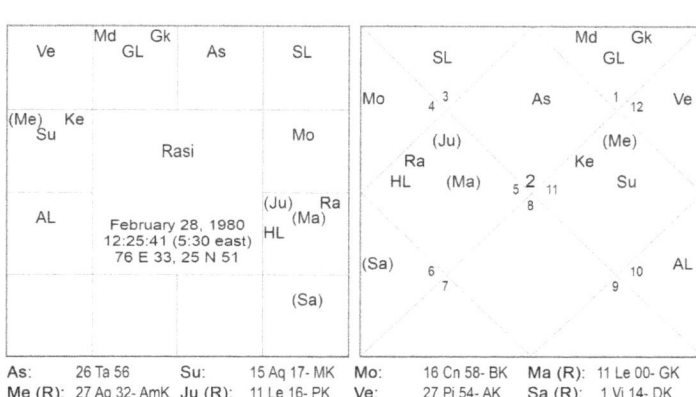

एस. प्रकाश

शुक्र लग्न

आइए देखते हैं शुक्र लग्न के माध्यम से

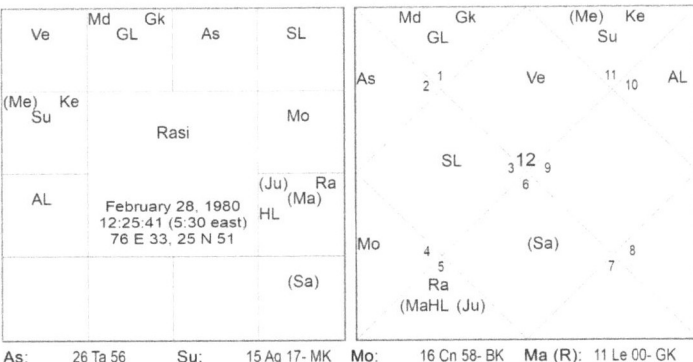

As: 26 Ta 56	Su: 15 Aq 17- MK	Mo: 16 Cn 58- BK	Ma (R): 11 Le 00- GK
Me (R): 27 Aq 32- AmK	Ju (R): 11 Le 16- PK	Ve: 27 Pi 54- AK	Sa (R): 1 Vi 14- DK
Ra: 5 Le 15	Ke: 5 Aq 15	HL: 1 Le 27	GL: 11 Ar 02

शुक्र से दूसरे भाव में चंद्रमा, **धान्य** लक्ष्मी को दर्शाता है।

धान्य लक्ष्मी - फसल और अनाज की देवी

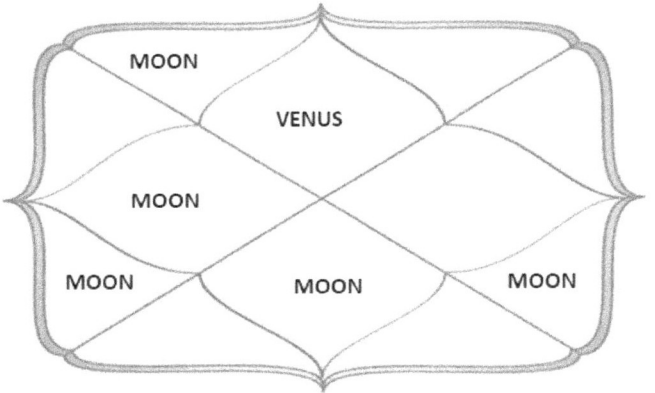

राहु, शुक्र से छठे भाव में है.

धन लक्ष्मी - भौतिक धन की देवी

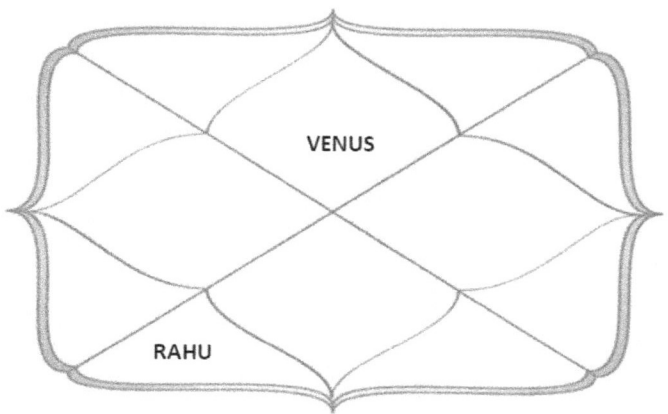

शनि, शुक्र से सातवें भाव में है।

आदि लक्ष्मी - आदि माता देवी

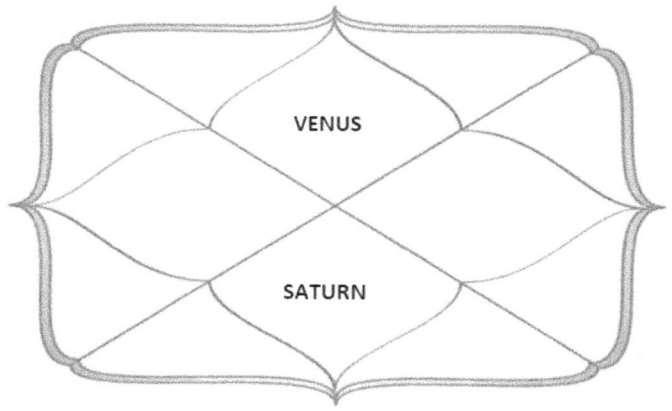

केतु, शुक्र से 12वें भाव में है.

गज लक्ष्मी - शक्ति और शक्ति की देवी

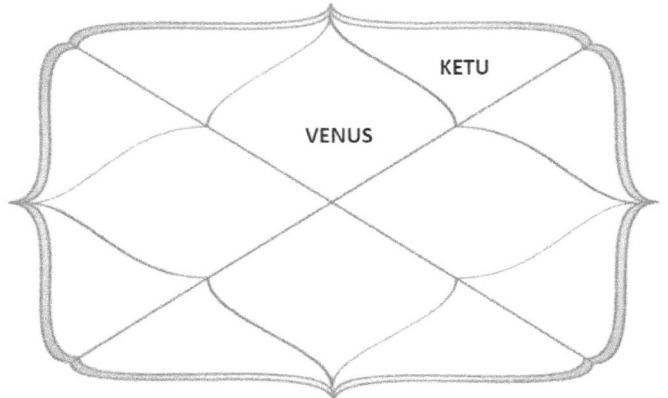

उदाहरण अध्ययन - 5

लग्न कुंडली

नीचे लग्न कुंडली है

यह एक पुरुष का चार्ट है जो आईटी में है और अभिनय/मॉडलिंग में अपना दूसरा करियर बना रहा है। उनके पास एक जिम भी है.

उनकी राशि चार्ट में, तीसरे घर में बुध है जो रचनात्मकता का 5वां घर का स्वामी है और इसका डिस्पोज़िटर मंगल (तीसरा और 10वां स्वामी) दूसरे और 11वें स्वामी बृहस्पति के साथ जुड़ा हुआ है। छठे भाव में मंगल और गुरु की युति हो रही है, मंगल की दृष्टि नौवें भाव पर है और बृहस्पति की दृष्टि लग्नेश शनि और 10वें कर्म भाव और दूसरे भाव धन पर है। नवम भाव का स्वामी शुक्र पंचम भाव में है। त्रिकोण भाव में चंद्रमा और शुक्र राहु के **आर्द्रा नक्षत्र** हैं। राहु लाभ के 11वें भाव में है. **हम देखते हैं कि केंद्र भाव (10वां भाव), दूसरा भाव, तीसरा भाव, 5वां भाव, 9वां भाव और 11वां भाव आपस में जुड़े हुए हैं।**

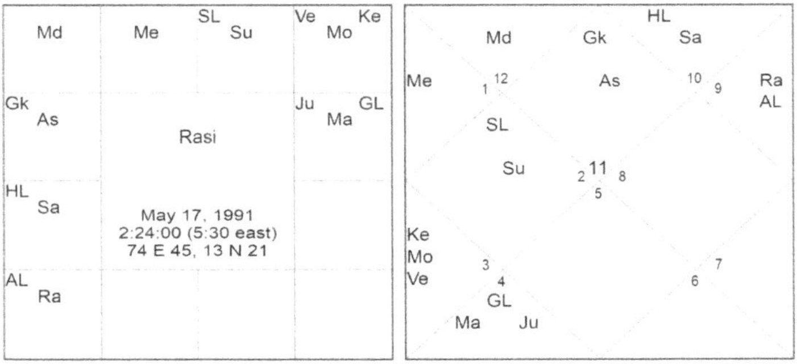

एस. प्रकाश

		SL	Ve Ke
Md	Me	Su	Mo

Gk
  As
	Rasi		Ju GL
			   Ma

HL Sa	May 17, 1991 2:24:00 (5:30 east) 74 E 45, 13 N 21		
AL Ra			

			HL	
	Md	Gk	Sa	
Me	12	As	10 9	Ra AL
	SL			
	Su	11 2 5 8		
Ke Mo Ve	3 4 GL Ma Ju		7 6	

As:	26 Aq 58	Su:	1 Ta 46- GK	Mo:	9 Ge 10- MK	Ma:	0 Cn 41- DK
Me:	6 Ar 11- PK	Ju:	13 Cn 06- BK	Ve:	14 Ge 57- AK	Sa:	13 Cp 07- AmK
Ra:	28 Sg 13	Ke:	28 Ge 13	HL:	8 Cp 38	GL:	20 Cn 08

इंदु लग्न

नीचे इंदु लग्न है

इंदु लग्न की गणना करें तो यह मिथुन राशि में आएगा। इंदु लगन का स्वामी बुध है जो लाभ के 11वें भाव में है। 11वें घर का स्वामी मंगल है जो धन के दूसरे घर में है। इसलिए हम देखते हैं कि दो शुभ ग्रह, दूसरे और 11वें भाव में हैं इंदु लग्न से।

पंचम भाव का स्वामी शुक्र पहले, द्‌वितीय भाव के स्वामी चंद्रमा के साथ प्रथम भाव में है इंदु लग्न से।

नवम भाव के स्वामी शनि की दृष्टि, पंचम घर, दशम भाव के स्वामी बृहस्पति और 11वें भाव के स्वामी मंगल पर है. **हम देखते हैं कि केंद्र भाव (10वां भाव), दूसरा भाव, 5वां भाव, 9वां भाव और 11वां भाव आपस में जुड़े हुए हैं।**

As:	26 Aq 58	Su:	1 Ta 46- GK	Mo:	9 Ge 10- MK	Ma:	0 Cn 41- DK
Me:	6 Ar 11- PK	Ju:	13 Cn 06- BK	Ve:	14 Ge 57- AK	Sa:	13 Cp 07- AmK
Ra:	28 Sg 13	Ke:	28 Ge 13	HL:	8 Cp 38	GL:	20 Cn 08

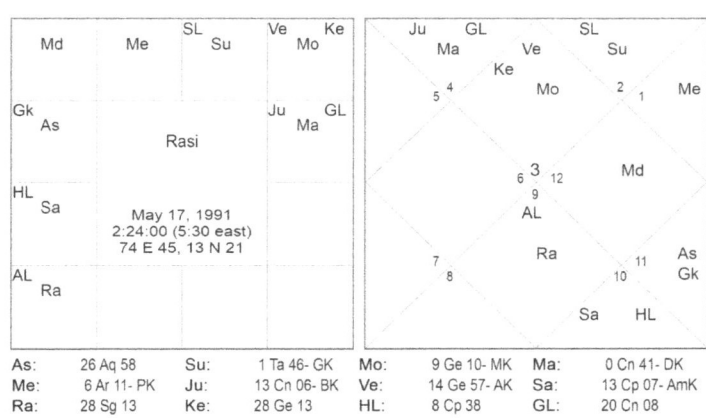

शुक्र लग्न

आइए देखते हैं शुक्र लग्न के माध्यम से

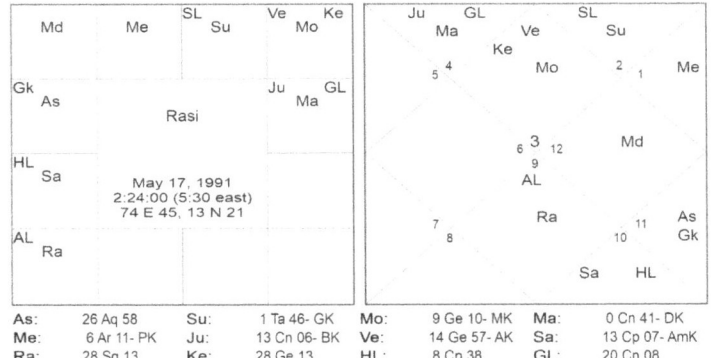

As:	26 Aq 58	Su:	1 Ta 46- GK	Mo:	9 Ge 10- MK	Ma:	0 Cn 41- DK
Me:	6 Ar 11- PK	Ju:	13 Cn 06- BK	Ve:	14 Ge 57- AK	Sa:	13 Cp 07- AmK
Ra:	28 Sg 13	Ke:	28 Ge 13	HL:	8 Cp 38	GL:	20 Cn 08

यदि हम शुक्र को लग्न बनाते हैं तो मंगल शुक्र से दूसरे भाव में है.

शुक्र युति मंगल - वीर लक्ष्मी और धैर्य लक्ष्मी

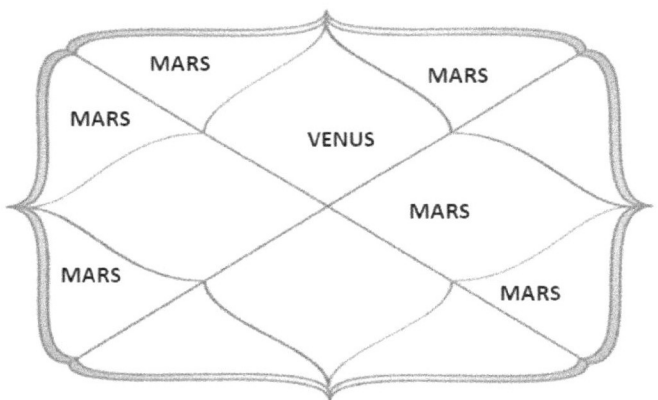

बृहस्पति, शुक्र से दूसरे भाव में है.

संतान लक्ष्मी - वंश और संतान की देवी

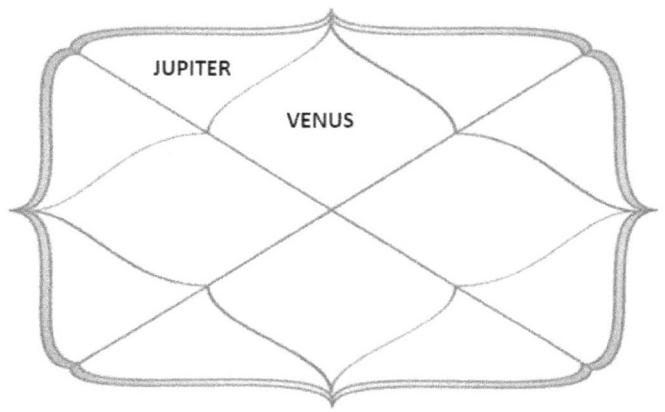

बुध, शुक्र से 11वें भाव में है.

विद्या लक्ष्मी - ज्ञान और ज्ञान की देवी

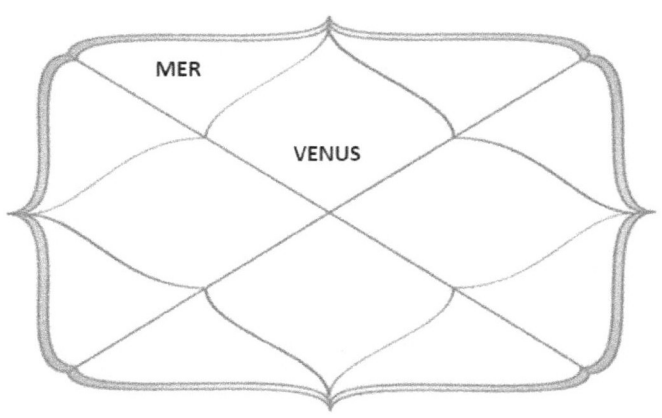

उदाहरण अध्ययन - 6

लग्न कुंडली

नीचे लग्न कुंडली है

यह एक पुरुष जातक की कुण्डली है जिसके नाम पर अच्छी व्यवसायिक जमीन और जायदाद है, जो उसने अपने ससुराल से प्राप्त की थी।

मंगल दशम भाव में शनि के **अनुराधा नक्षत्र** में है। राशि कुण्डली में इनका लग्न स्वामी शनि आठवें भाव में है और दशम भाव पर दृष्टि डालता है। 2रे और 11वें भाव का स्वामी बृहस्पति 8वें भाव में है जो लग्न स्वामी शनि के साथ है। बृहस्पति और शनि 8वें घर में एक साथ युति कर रहे हैं और दूसरे घर को देख रहे हैं और 8वें घर के डिस्पोसिटर बुध 9वें घर में 7वें स्वामी शुक्र के साथ हैं।

तो **पहला, दूसरा, सातवां, दसवां, नौवां और एकादश भाव,** आठवें घर से जुड़े हुए हैं।

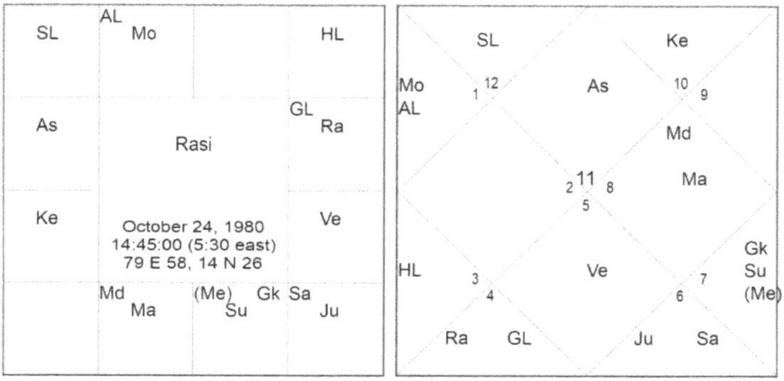

भृगु नंदी नाडी शुक्र गृह के डीएनए से

SL	AL Mo		HL		SL		Ke
As	Rasi		GL Ra	Mo AL	12	As	10 9
Ke	October 24, 1980 14:45:00 (5:30 east) 79 E 58, 14 N 26		Ve		2 11 8 5	Md	Ma
	Md Ma	(Me) Su	Gk Sa Ju	HL	3 4	Ve	Gk Su 6 7 (Me)
					Ra GL		Ju Sa

As:	14 Aq 08	Su:	7 Li 33- GK	Mo:	14 Ar 57- MK	Ma:	15 Sc 09- BK
Me (R):	26 Li 14- AmK	Ju:	5 Vi 50- DK	Ve:	29 Le 11- AK	Sa:	10 Vi 26- PK
Ra:	22 Cn 35	Ke:	22 Cp 35	HL:	26 Ge 21	GL:	25 Cn 05

इंदु लग्न

नीचे इंदु लग्न है

इंदु लग्न की गणना करें तो वह मकर राशि में आएगा।

इंदु लग्न का स्वामी शनि, भाग्य के नौवें घर में बृहस्पति के साथ है जो लग्न को देख रहा है। नवम भाव का स्वामी बुध दशम भाव में है।

चतुर्थ भाव का स्वामी मंगल 11वें भाव में है जो दूसरे भाव को देख रहा है।

द्वितीय भाव का स्वामी शनि 11वें भाव को देख रहा है. तो **पहला, दूसरा, सातवां, दसवां, नौवां और एकादश भाव** जुड़े हुए हैं।

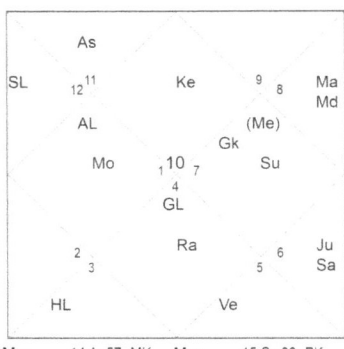

As:	14 Aq 08	Su:	7 Li 33- GK	Mo:	14 Ar 57- MK	Ma:	15 Sc 09- BK
Me (R):	26 Li 14- AmK	Ju:	5 Vi 50- DK	Ve:	29 Le 11- AK	Sa:	10 Vi 26- PK
Ra:	22 Cn 35	Ke:	22 Cp 35	HL:	26 Ge 21	GL:	25 Cn 05

शुक्र लग्न

आइए देखते हैं शुक्र लग्न के माध्यम से

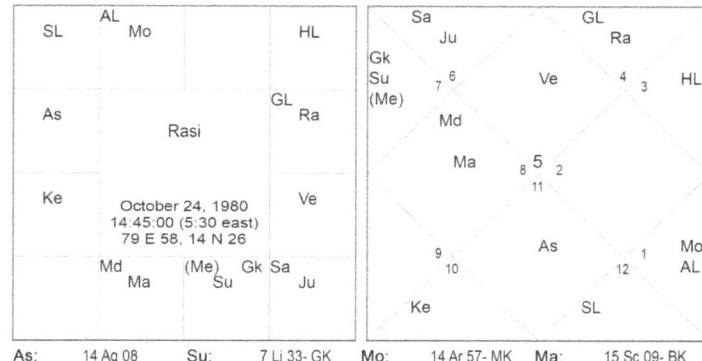

As:	14 Aq 08	Su:	7 Li 33- GK	Mo:	14 Ar 57- MK	Ma:	15 Sc 09- BK
Me (R):	26 Li 14- AmK	Ju:	5 Vi 50- DK	Ve:	29 Le 11- AK	Sa:	10 Vi 26- PK
Ra:	22 Cn 35	Ke:	22 Cp 35	HL:	26 Ge 21	GL:	25 Cn 05

यदि हम शुक्र को लग्न बनाते हैं, तो हम देखते हैं कि शनि, शुक्र से दूसरे भाव में है.

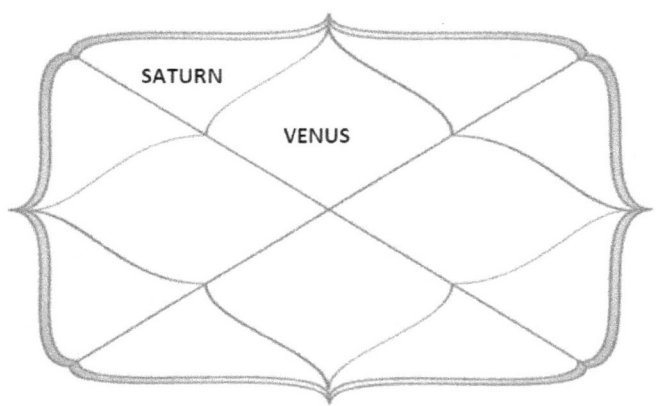

बृहस्पति, शुक्र से दूसरे भाव में है.

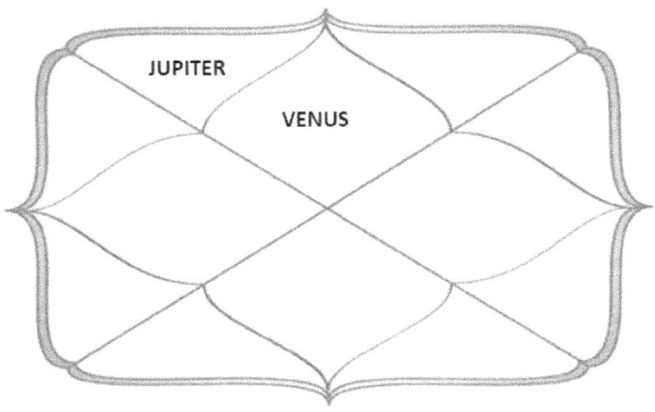

बुध, शुक्र से तीसरे भाव में है.

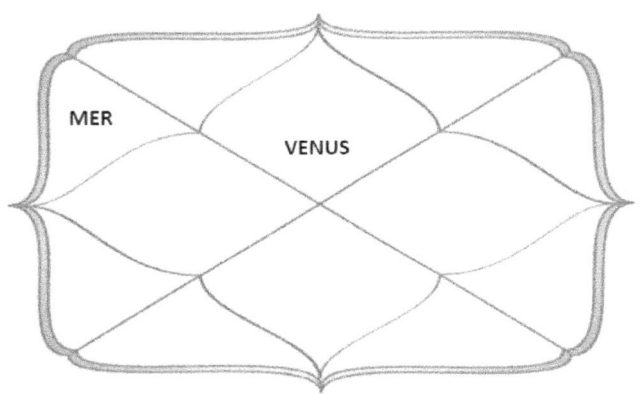

चंद्रमा और शुक्र एक दूसरे से त्रिकोण में है.

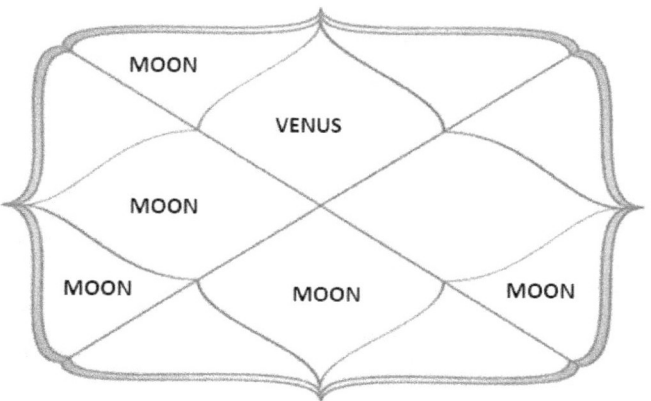

उदाहरण अध्ययन - 7

लग्न कुंडली

नीचे लग्न कुंडली है

यह एक ऐसे पुरुष जातक की कुण्डली है जिसे अपने पिता से कृषि उपकरण बनाने का व्यवसाय मिला है। राशि चार्ट में लग्न **रेवती नक्षत्र** में है जिसका स्वामी बुध, सातवें भाव में सूर्य के साथ व्यापार भाव में है। लग्न का स्वामी बृहस्पति लाभ भाव के 11वें भाव में है और चंद्रमा के **श्रवण नक्षत्र** में है जो कि धन के दूसरे भाव में है। अतः हम 11वें भाव का दूसरे भाव से संबंध देख सकते हैं। 11वें भाव का स्वामी शनि पिता के नवम भाव में है और 11वें भाव को देख रहा है। पंचमेश चंद्रमा धन भाव के दूसरे भाव में है। व्यवसाय के 7वें भाव में हस्त नक्षत्र में बुध और सूर्य एक साथ युति कर रहे हैं. तो **पहला, दूसरा, सातवां, दसवां, नौवां और एकादश भाव** जुड़े हुए हैं और इसी तरह से हम दृष्टि, गृह स्वामी और नक्षत्र माध्यम से धन संयोजन देखते हैं।

भृगु नंदी नाडी शुक्र गृह के डीएनए से

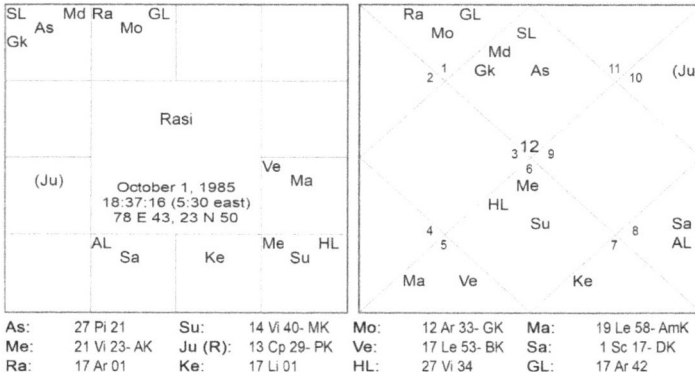

As:	27 Pi 21	Su:	14 Vi 40- MK	Mo:	12 Ar 33- GK	Ma:	19 Le 58- AmK
Me:	21 Vi 23- AK	Ju (R):	13 Cp 29- PK	Ve:	17 Le 53- BK	Sa:	1 Sc 17- DK
Ra:	17 Ar 01	Ke:	17 Li 01	HL:	27 Vi 34	GL:	17 Ar 42

इंदु लग्न

नीचे इंदु लग्न है

इंदु लग्न की गणना करें तो यह पुष्य नक्षत्र में कर्क राशि में होगा।

इंदु लग्न का स्वामी चंद्रमा दसवें भाव में है।

लग्न पर नवमेश बृहस्पति की दृष्टि है।

पुष्य नक्षत्र का स्वामी शनि, पूर्व पुण्य के 5वें भाव में है जो 9वां भाव के स्वामी, ग्यारहवां घर और दूसरे भाव को देखता है।

एकादश भाव का स्वामी शुक्र, पंचमेश मंगल के साथ दूसरे भाव में है जो धन योग देता है. इंदु लग्न काफी अच्छा धन संयोजन दर्शाता है क्योंकि धन देने वाले घर केंद्र और त्रिकोण घरों से जुड़े हुए हैं.

As:	27 Pi 21	Su:	14 Vi 40- MK	Mo:	12 Ar 33- GK	Ma:	19 Le 58- AmK
Me:	21 Vi 23- AK	Ju (R):	13 Cp 29- PK	Ve:	17 Le 53- BK	Sa:	1 Sc 17- DK
Ra:	17 Ar 01	Ke:	17 Li 01	HL:	27 Vi 34	GL:	17 Ar 42

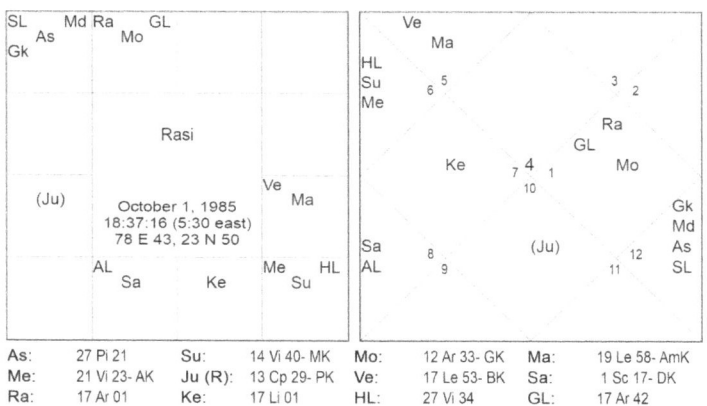

शुक्र लग्न

आइए देखते हैं शुक्र लग्न के माध्यम से

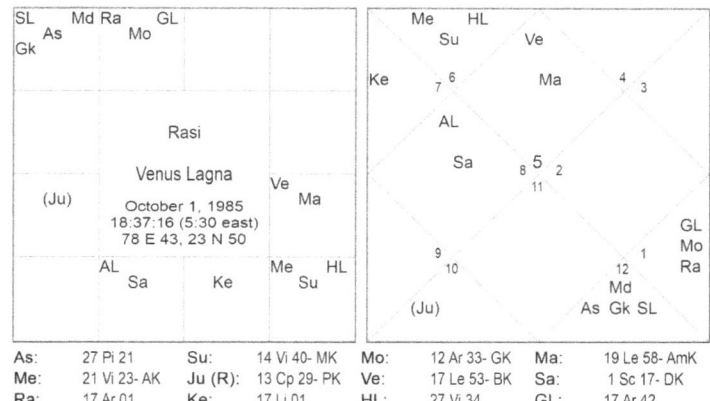

As:	27 Pi 21	Su:	14 Vi 40- MK	Mo:	12 Ar 33- GK	Ma:	19 Le 58- AmK
Me:	21 Vi 23- AK	Ju (R):	13 Cp 29- PK	Ve:	17 Le 53- BK	Sa:	1 Sc 17- DK
Ra:	17 Ar 01	Ke:	17 Li 01	HL:	27 Vi 34	GL:	17 Ar 42

शुक्र को लग्न बनाते हैं तो देखते हैं कि सूर्य,
शुक्र से दूसरे भाव में हैं।

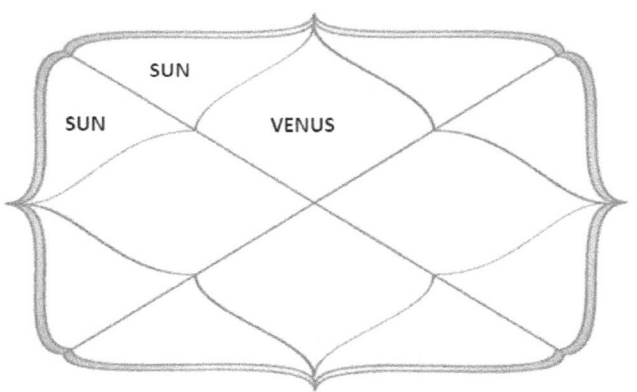

बुध, शुक्र से दूसरे भाव में हैं।

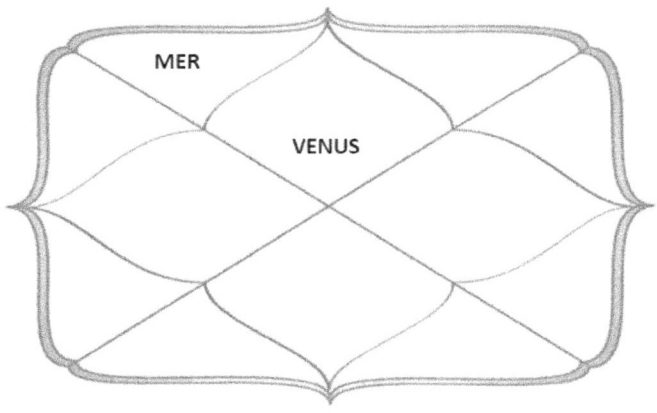

शुक्र से नवम भाव में चंद्रमा है.

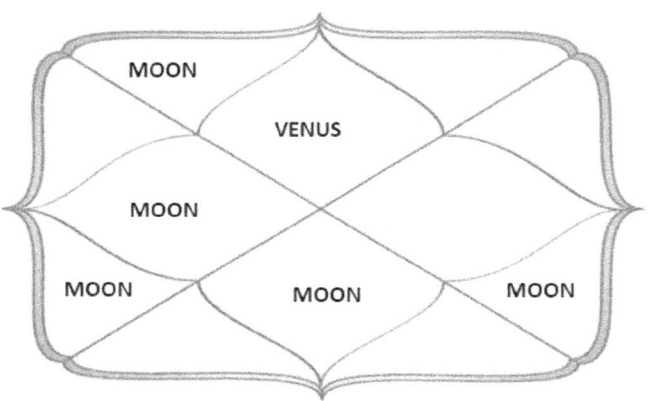

उदाहरण अध्ययन - 8

लग्न कुंडली

नीचे लग्न कुंडली है

यह एक ऐसी महिला जातक की कुण्डली है जिसका परिवार गहनों के व्यवसाय में है। राशि कुण्डली में शनि, वृष लग्न में एक योगकारक ग्रह के रूप में शश राज योग दे रहा है। सूर्य **मघा नक्षत्र** में केंद्र भाव में है। धन के दूसरे भाव में मंगल **आर्द्रा नक्षत्र** में है.

2रे और 5वें भाव के स्वामी बुध और 9वें भाव के स्वामी शनि एक दूसरे पर परस्पर दृष्टि डाल रहे हैं. 11वें भाव के स्वामी बृहस्पति की दृष्टि 9वें स्वामी शनि (10वें भाव में स्थित) और 7वें स्वामी मंगल पर है जो दूसरे भाव में है। तो **दूसरा, सातवां, चौथा घर, दसवां, नौवां घर एकादश भाव** जुड़े हुए हैं, जो धन योग देता है।

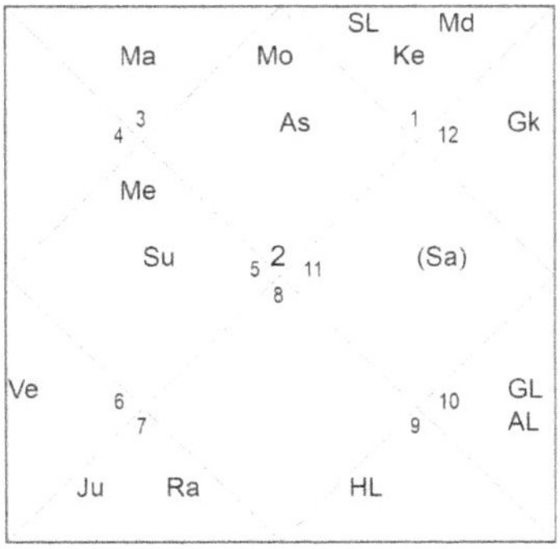

एस. प्रकाश

	SL Md Mo		
Gk	Ke As		Ma
(Sa)	Rasi		
AL GL	August 29, 1994 23:30:38 (4:00 west) 81 W 17, 34 N 46		Me Su
HL	Ra Ju		Ve

		SL Md	
Ma	Mo	Ke	
4 ³	As	¹ 12	Gk
Me			
Su	5 2 11 8	(Sa)	
Ve	6 7		10 9	GL AL
Ju	Ra	HL	

As:	2 Ta 02	Su:	12 Le 47- DK	Mo:	22 Ta 18- BK	Ma:	14 Ge 51- GK
Me:	28 Le 04- AmK	Ju:	15 Li 46- MK	Ve:	28 Vi 40- AK	Sa (R):	15 Aq 26- PK
Ra:	24 Li 33	Ke:	24 Ar 33	HL:	27 Sg 29	GL:	20 Cp 32

इंदु लग्न

नीचे इंदु लग्न है

इंदु लग्न की गणना करें तो यह **पुनर्वसु नक्षत्र** में मिथुन राशि में आएगा।

इंदु लग्न में, हम देखते हैं कि 11वें भाव का स्वामी मंगल पहले भाव में है।

सप्तमेश बृहस्पति पंचम भाव में है और 11वें भाव और पहला घर पर दृष्टि डाल रहा है।

शनि, भाग्य के नौवें भाव में है जिसकी दृष्टि 11वें भाव पर है।

राहु 5वां भाव है और 11वें भाव और पाँचवाँ घर को देख रहा है. इंदु लग्न काफी अच्छा धन संयोजन दर्शाता है.

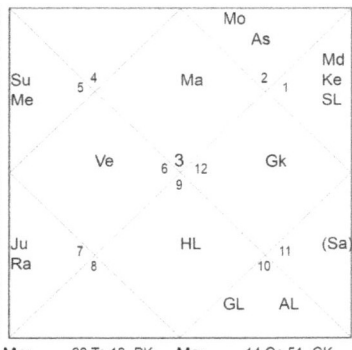

As:	2 Ta 02	Su:	12 Le 47- DK	Mo:	22 Ta 18- BK	Ma:	14 Ge 51- GK
Me:	28 Le 04- AmK	Ju:	15 Li 46- MK	Ve:	28 Vi 40- AK	Sa (R):	15 Aq 26- PK
Ra:	24 Li 33	Ke:	24 Ar 33	HL:	27 Sg 29	GL:	20 Cp 32

शुक्र लग्न

आइए देखते हैं शुक्र लग्न के माध्यम से

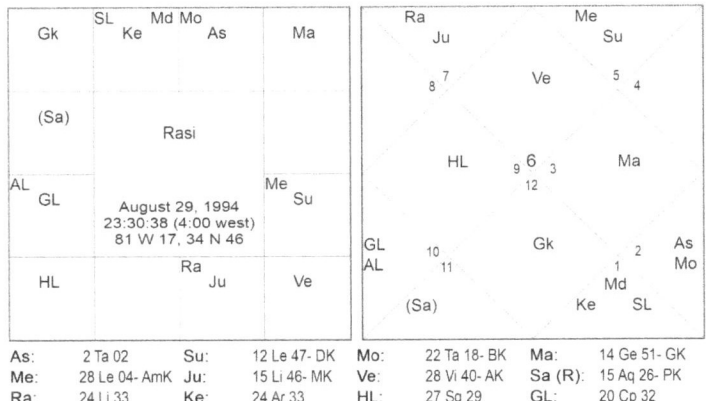

As:	2 Ta 02	Su:	12 Le 47- DK	Mo:	22 Ta 18- BK	Ma:	14 Ge 51- GK
Me:	28 Le 04- AmK	Ju:	15 Li 46- MK	Ve:	28 Vi 40- AK	Sa (R):	15 Aq 26- PK
Ra:	24 Li 33	Ke:	24 Ar 33	HL:	27 Sg 29	GL:	20 Cp 32

यदि हम शुक्र को लग्न बनाते हैं, तो बृहस्पति, शुक्र से दूसरे भाव में है।

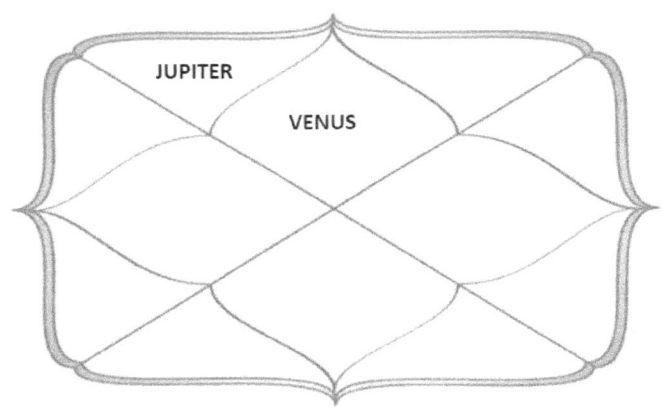

राहु, शुक्र से दूसरे भाव में है।

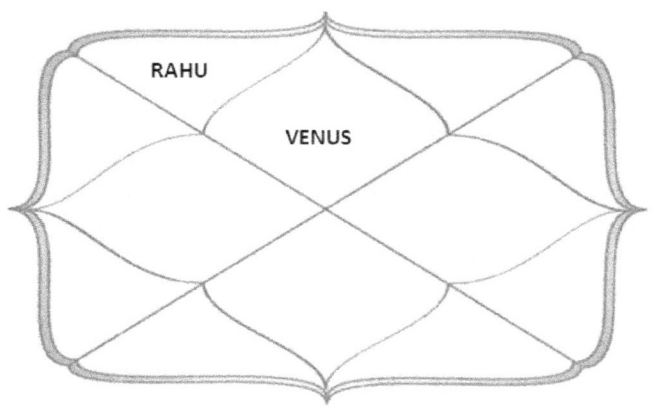

शुक्र से नवम भाव में चंद्रमा है.

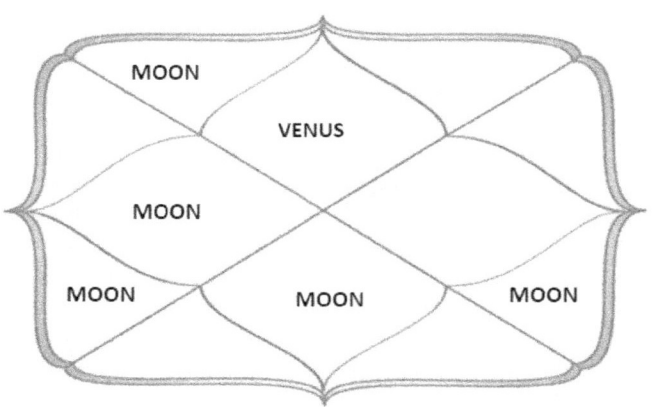

उदाहरण अध्ययन - 9

लग्न कुंडली

नीचे लग्न कुंडली है

यह एक ऐसे पुरुष जातक का चार्ट है जो लॉजिस्टिक व्यवसाय में है।राशि चार्ट में, दूसरे और 11वें भाव का स्वामी बृहस्पति पहले भाव में हैं. सूर्य और गुरु **शतभिषा नक्षत्र** में हैं जो कि राहु का है और जो 9वें और 11वें भाव को देखता है। शनि **अनुराधा नक्षत्र** में है। मंगल केंद्र भाव में बुद्ध के **ज्येष्ठा नक्षत्र** में है जो पंचम भाव का स्वामी है और दूसरे भाव में विराजमान है.

सप्तमेश सूर्य पहले भाव में है, नवम भाव का स्वामी शुक्र पहले भाव में है जिस पर मंगल की दृष्टि है जो केंद्र और त्रिकोण संबंधों को बहुत अच्छा दर्शाता है। **और इसी तरह से हम दृष्टि, गृह स्वामी और नक्षत्र माध्यम से धन संयोजन देखते हैं।**

भृगु नंदी नाडी शुक्र गृह के डीएनए से

GL Me	Gk Ra	AL Md	
Su HL Ju As Ve	Rasi		
SL	February 27, 1986 8:20:46 (4:00 west) 81 W 17, 34 N 46		
	Sa Ma	Ke	Mo

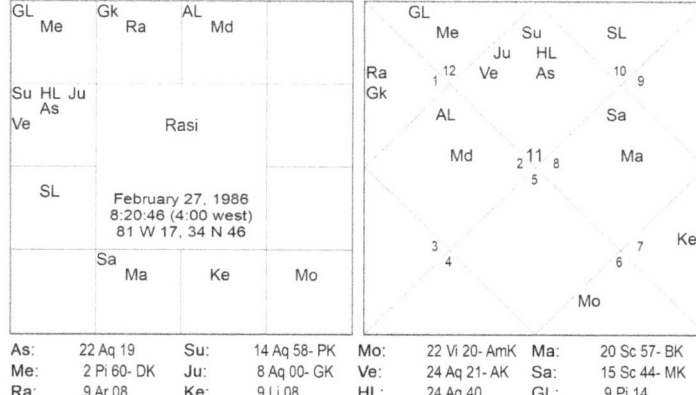

As:	22 Aq 19	Su:	14 Aq 58- PK	Mo:	22 Vi 20- AmK	Ma:	20 Sc 57- BK
Me:	2 Pi 60- DK	Ju:	8 Aq 00- GK	Ve:	24 Aq 21- AK	Sa:	15 Sc 44- MK
Ra:	9 Ar 08	Ke:	9 Li 08	HL:	24 Aq 40	GL:	9 Pi 14

इंदु लग्न

नीचे इंदु लग्न है

इंदु लग्न की गणना करें तो यह पूर्वाफाल्गुनी नक्षत्र में सिंह राशि में पड़ेगा।

इंदु लग्न का स्वामी, सूर्य 7वें भाव के व्यवसाय में, 5वें घर के स्वामी बृहस्पति के साथ और 10वें घर के स्वामी शुक्र के साथ है।

इंदु लग्न पर सूर्य और दो शुभ ग्रहों की दृष्टि है। इंदु लग्न पर भी राहु और शनि की दृष्टि है जो उसे अपने व्यवसाय में चतुर बनातें है।

धन के दूसरे भाव में चंद्रमा जैसा एक शुभ ग्रह है इंदु लग्न से. नवम भाव का स्वामी मंगल चतुर्थ भाव में है जो 11वें भाव, 10वें स्वामी शुक्र और 5वें स्वामी बृहस्पति को देखता है। **इंदु लग्न काफी अच्छा धन संयोजन दर्शाता है क्योंकि धन देने वाले घर केंद्र और त्रिकोण घरों से जुड़े हुए हैं.**

भृगु नंदी नाडी शुक्र गृह के डीएनए से

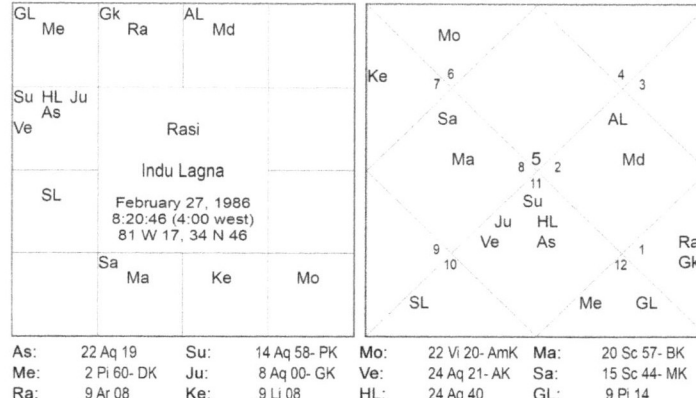

GL Me	Gk Ra	AL Md	
Su HL Ju As Ve	\multicolumn{3}{l}{Rasi Indu Lagna February 27, 1986 8:20:46 (4:00 west) 81 W 17, 34 N 46}	
SL			
	Sa Ma	Ke	Mo

As:	22 Aq 19	Su:	14 Aq 58- PK	Mo:	22 Vi 20- AmK	Ma:	20 Sc 57- BK
Me:	2 Pi 60- DK	Ju:	8 Aq 00- GK	Ve:	24 Aq 21- AK	Sa:	15 Sc 44- MK
Ra:	9 Ar 08	Ke:	9 Li 08	HL:	24 Aq 40	GL:	9 Pi 14

शुक्र लग्न

आइए देखते हैं शुक्र लग्न के माध्यम से

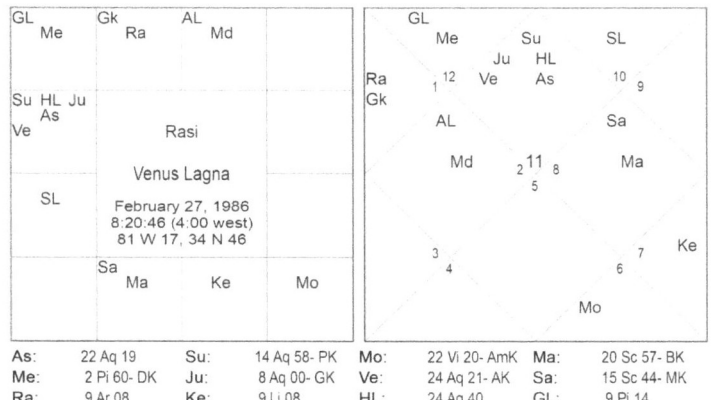

As:	22 Aq 19	Su:	14 Aq 58- PK	Mo:	22 Vi 20- AmK	Ma:	20 Sc 57- BK
Me:	2 Pi 60- DK	Ju:	8 Aq 00- GK	Ve:	24 Aq 21- AK	Sa:	15 Sc 44- MK
Ra:	9 Ar 08	Ke:	9 Li 08	HL:	24 Aq 40	GL:	9 Pi 14

यदि हम शुक्र को लग्न बनाते हैं तो देखते हैं कि बुध, शुक्र से दूसरे भाव में है।

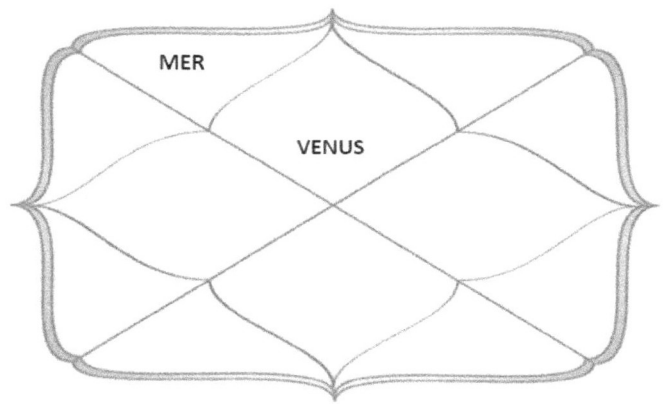

राहु, शुक्र से तीसरे भाव में है।

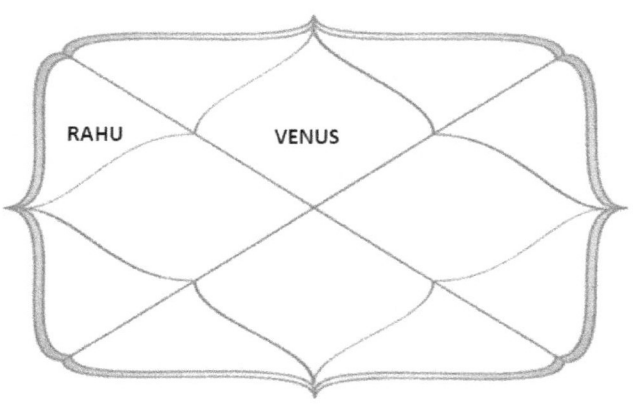

शनि, शुक्र से 10वें भाव में है.

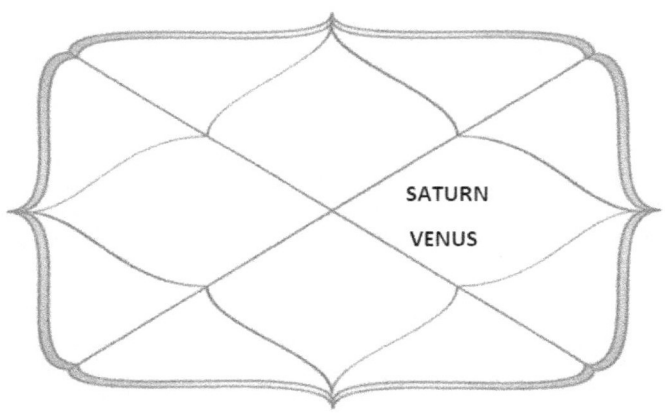

उदाहरण अध्ययन - 10

लग्न कुंडली

नीचे लग्न कुंडली है

यह एक पुरुष जातक की कुण्डली है जो आईटी उद्योग में है और साथ ही उसे अपने पिता से अच्छी विरासत और संपत्ति मिली है। राशि चार्ट में द्वितीय भाव का स्वामी सूर्य 11वें भाव में 5वें और 10वें भाव के स्वामी मंगल के साथ है और पंचम भाव को देख रहे है। सूर्य धन के 11वें भाव में चंद्रमा के **रोहिणी नक्षत्र** में है। मंगल धन के 11वें भाव में **कृतिका नक्षत्र** में है।

नवमेश बृहस्पति की दृष्टि 11वें भाव और यह द्वितीयेश सूर्य और पंचमेश मंगल को देखता है पर है। यह एक बहुत अच्छा धन संयोजन है जहां हम देखते हैं कि **दूसरा, पांचवां, नौवां, दसवां और ग्यारहवां घर आपस में जुड़े हुए हैं और इसी तरह से हम दृष्टि, गृह स्वामी और नक्षत्र माध्यम से धन संयोजन देखते हैं।**

भृगु नंदी नाडी शुक्र गृह के डीएनए से

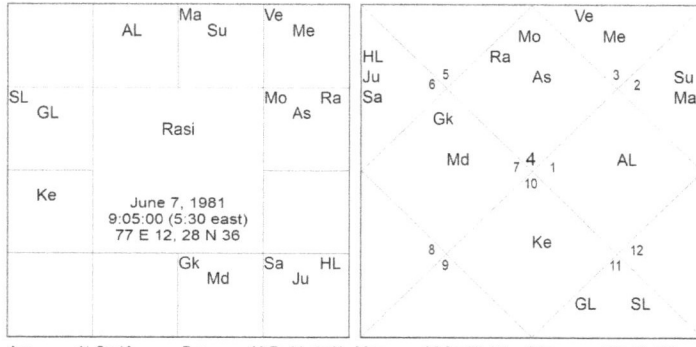

As:	11 Cn 19	Su:	22 Ta 44- AmK	Mo:	25 Cn 03- AK	Ma:	7 Ta 48- GK
Me:	11 Ge 26- BK	Ju:	7 Vi 02- DK	Ve:	8 Ge 44- PK	Sa:	9 Vi 25- MK
Ra:	10 Cn 37	Ke:	10 Cp 37	HL:	11 Vi 32	GL:	24 Aq 57

इंदु लग्न

नीचे इंदु लग्न है

यदि इंदु लग्न की गणना करें तो यह कुम्भ राशि में **पूर्वाभाद्र नक्षत्र** में पड़ेगा।

इंदु लग्न का स्वामी शनि 11वें और 2रे भाव के स्वामी बृहस्पति के साथ 8वें भाव में है।

बृहस्पति स्वयं के धन भाव और संपत्ति के चौथे भाव पर दृष्टि डाल रहा है।

नवम भाव का स्वामी शुक्र पंचम भाव में पंचम भाव के स्वामी बुध के साथ है और 11वें भाव को देख रहा है।

लग्नेश शनि की दृष्टि नवम भाव के स्वामी शुक्र और पंचम भाव पर है।

इंदु लग्न से यह भी पता चलता है कि कैसे धन देने वाले घर काफी अच्छा धन संयोजन दर्शाता है, क्योंकि धन देने वाले घर केंद्र और त्रिकोण घरों से जुड़े हुए हैं.

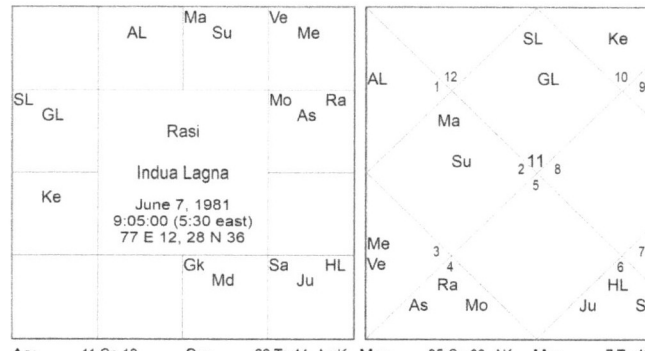

As:	11 Cn 19	Su:	22 Ta 44- AmK	Mo:	25 Cn 03- AK	Ma:	7 Ta 48- GK
Me:	11 Ge 26- BK	Ju:	7 Vi 02- DK	Ve:	8 Ge 44- PK	Sa:	9 Vi 25- MK
Ra:	10 Cn 37	Ke:	10 Cp 37	HL:	11 Vi 32	GL:	24 Aq 57

शुक्र लग्न

आइए देखते हैं शुक्र लग्न के माध्यम से

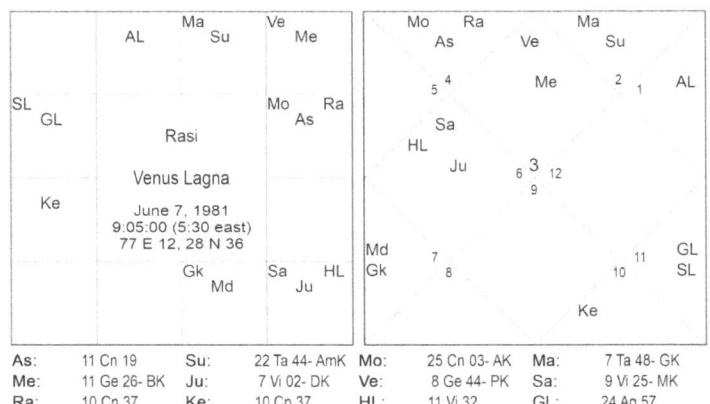

As:	11 Cn 19	Su:	22 Ta 44- AmK	Mo:	25 Cn 03- AK	Ma:	7 Ta 48- GK
Me:	11 Ge 26- BK	Ju:	7 Vi 02- DK	Ve:	8 Ge 44- PK	Sa:	9 Vi 25- MK
Ra:	10 Cn 37	Ke:	10 Cp 37	HL:	11 Vi 32	GL:	24 Aq 57

यदि हम शुक्र को लग्न बनाते हैं, तो देखते हैं कि राहु, शुक्र से दूसरे भाव में है।

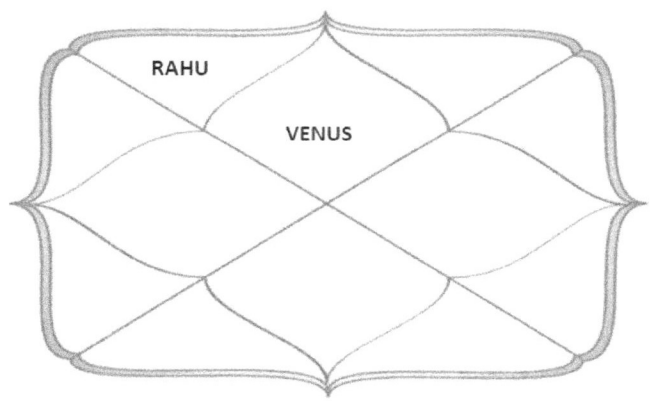

चंद्रमा, शुक्र से दूसरे भाव में है।

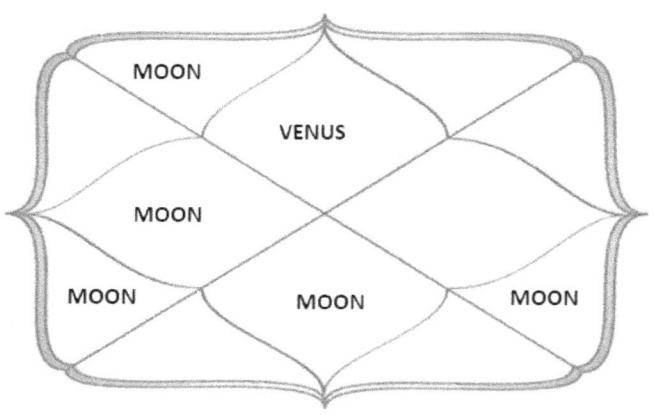

बृहस्पति, शुक्र से दूसरे भाव में है।

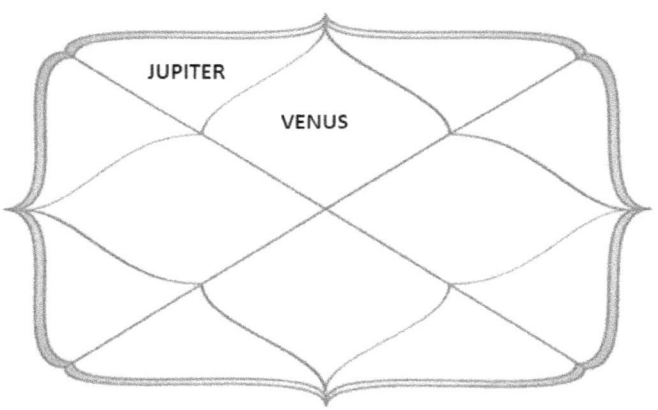

मंगल, शुक्र से 12वें भाव में है.

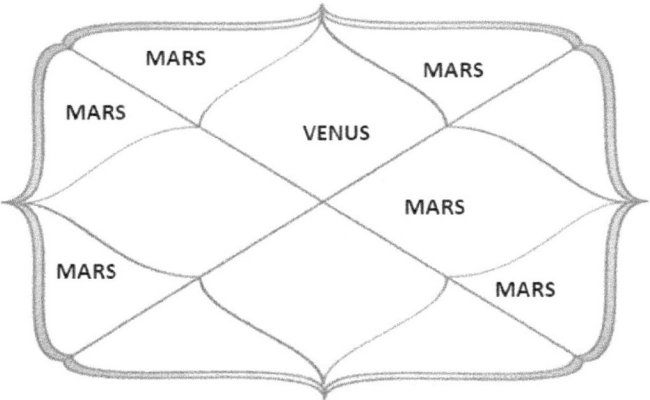

उदाहरण अध्ययन - 11

लग्न कुंडली

नीचे लग्न कुंडली है

यह एक ऐसी महिला का चार्ट है जो भारत से बाहर रहती है और वह काफी धनी महिला है।

राशि चार्ट में, हम एक बहुत अच्छा धन योग देखते हैं क्योंकि लग्न स्वामी, 9वें और 2रे घर के स्वामी 11वें घर में युति कर रहे हैं जो एक लाभकारी ग्रह (बृहस्पति) से दृष्ट हैं। शुक्र 11वें भाव में **अश्लेषा नक्षत्र** में है जो धन देने वाला भाव है. **तो हम देखते हैं कि 1, 2, 4, 7, 9, 5,10 और 11 भाव आपस में जुड़े हुए हैं और इसी तरह से हम, दृष्टि, गृह स्वामी और नक्षत्र माध्यम से धन संयोजन देखते हैं।**

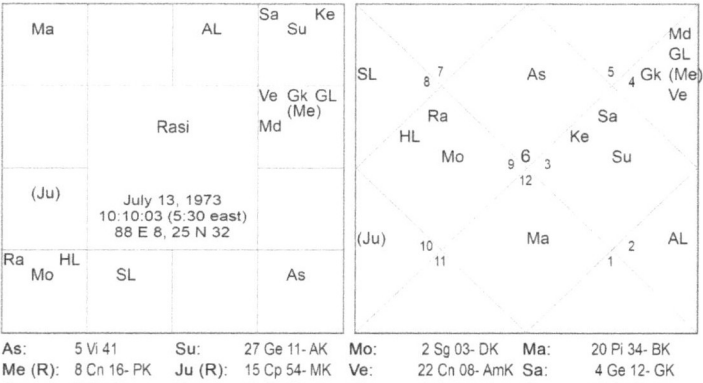

As: 5 Vi 41	Su: 27 Ge 11- AK	Mo: 2 Sg 03- DK	Ma: 20 Pi 34- BK
Me (R): 8 Cn 16- PK	Ju (R): 15 Cp 54- MK	Ve: 22 Cn 08- AmK	Sa: 4 Ge 12- GK
Ra: 13 Sg 33	Ke: 13 Ge 33	HL: 2 Sg 34	GL: 25 Cn 59

इंदु लग्न

नीचे इंदु लग्न है

अगर हम इंदु लग्न की गणना करें तो यह कृतिका नक्षत्र में वृष राशि में आएगा।

कृतिका नक्षत्र पर सूर्य का शासन है जो धन के दूसरे भाव में नौवें और दसवें घर के स्वामी शनि के साथ है। सप्तम भाव का स्वामी मंगल 11वें भाव में है और दूसरे भाव पर दृष्टि डाल रहा है। इंदु लग्न पर 11वें भाव के स्वामी बृहस्पति की दृष्टि है। इंदु लग्न का स्वामी शुक्र तीसरे भाव में दूसरे और पांचवें भाव के स्वामी बुध के साथ है जिस पर बृहस्पति की दृष्टि है।

नवम भाव का स्वामी शनि 11वें भाव में स्थित मंगल पर दृष्टि डाल रहा है। इंदु लग्न काफी अच्छा धन संयोजन दर्शाता है.

As:	5 Vi 41	Su:	27 Ge 11- AK	Mo:	2 Sg 03- DK	Ma:	20 Pi 34- BK
Me (R):	8 Cn 16- PK	Ju (R):	15 Cp 54- MK	Ve:	22 Cn 08- AmK	Sa:	4 Ge 12- GK
Ra:	13 Sg 33	Ke:	13 Ge 33	HL:	2 Sg 34	GL:	25 Cn 59

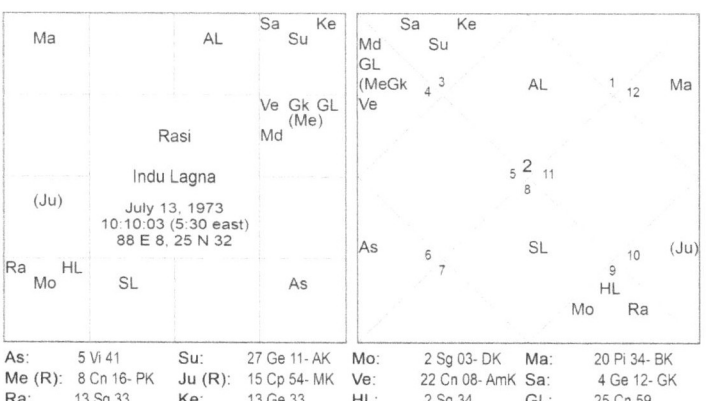

शुक्र लग्न

आइए देखते हैं शुक्र लग्न के माध्यम से

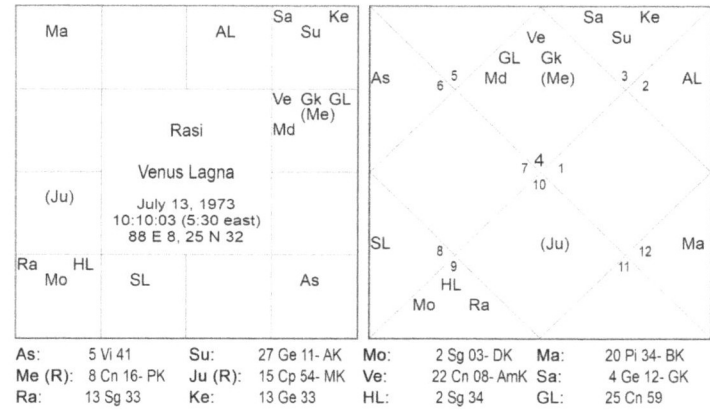

As:	5 Vi 41	Su:	27 Ge 11- AK	Mo:	2 Sg 03- DK	Ma:	20 Pi 34- BK
Me (R):	8 Cn 16- PK	Ju (R):	15 Cp 54- MK	Ve:	22 Cn 08- AmK	Sa:	4 Ge 12- GK
Ra:	13 Sg 33	Ke:	13 Ge 33	HL:	2 Sg 34	GL:	25 Cn 59

यदि हम शुक्र को लग्न बनाते हैं तो देखते हैं कि गुरु, शुक्र से सप्तम भाव में है।

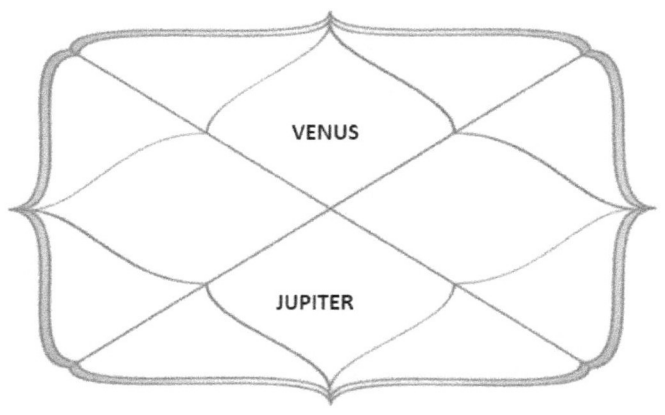

मंगल, शुक्र से नौवें भाव में है।

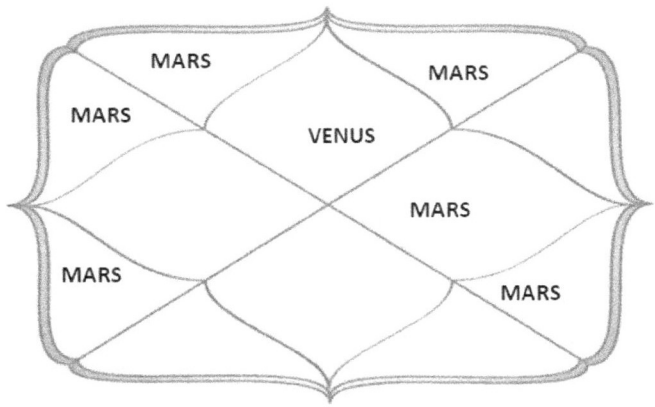

केतु, शुक्र से 12वें भाव में है.

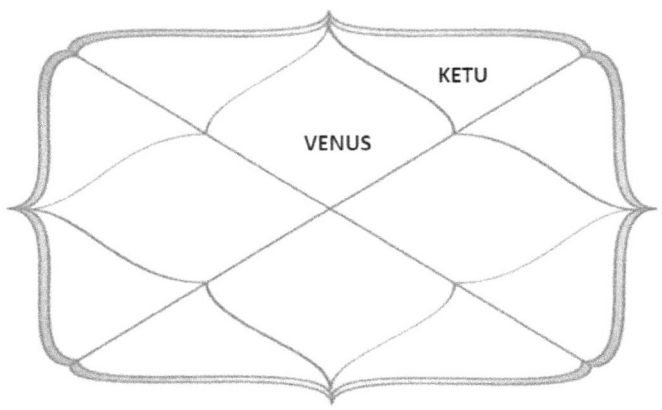

उदाहरण अध्ययन - 12

लग्न कुंडली

नीचे लग्न कुंडली है

यह एक ऐसे पुरुष जातक की कुण्डली है जो आईटी उद्योग में बहुत उच्च स्थान पर है और विदेश में रहता है। राशि चार्ट में, 9वें भाव का स्वामी शुक्र अपनी स्वराशि में 2रे भाव में है जो 4थे और 7वें भाव के स्वामी बृहस्पति के साथ युति में है।

गुरु धन भाव में **स्वाति नक्षत्र** में है जो पंचमेश शनि और दशम भाव को देखता है. राहु स्वाति नक्षत्र का स्वामी है जो छठे भाव में है और 10वें भाव और 11वें भाव के स्वामी चंद्रमा को देखता है।तो हम देखते हैं कि 2, 9, 5, 11 भाव केंद्र और त्रिकोण घरों से जुड़े हुए हैं. **और इसी तरह से हम दृष्टि, गृह स्वामी और नक्षत्र माध्यम से धन संयोजन देखते हैं।**

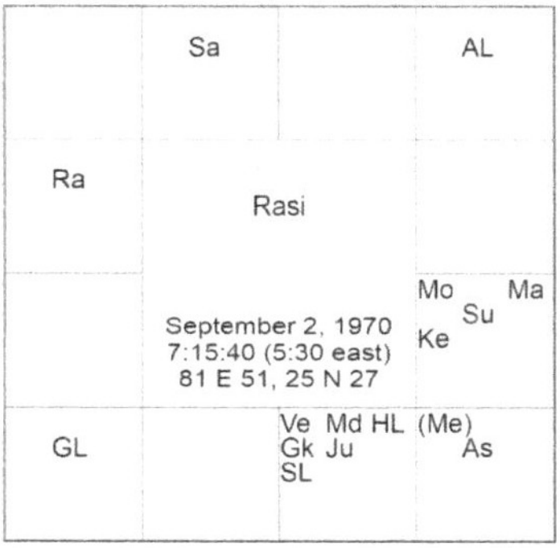

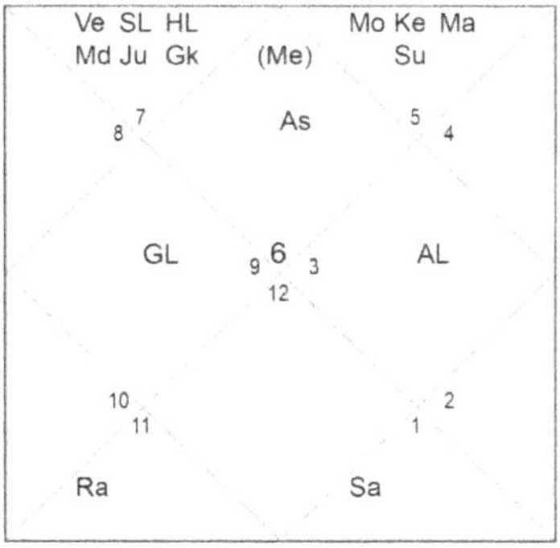

एस. प्रकाश

	Sa		AL
Ra		Rasi	
		September 2, 1970 7:15:40 (5:30 east) 81 E 51, 25 N 27	Mo Ma Ke Su
GL		Ve Md HL (Me) Gk Ju SL	As

Ve SL HL / Md Ju Gk — 8, 7
(Me) — As
Mo Ke Ma / Su — 5, 4
GL — 9, 6, 3, 12
AL
10, 11
Ra
2, 1
Sa

As:	5 Vi 44	Su:	15 Le 45- BK	Mo:	28 Le 18- AmK	Ma:	5 Le 51- PK
Me (R):	4 Vi 12- GK	Ju:	9 Li 14- MK	Ve:	1 Li 52- DK	Sa:	29 Ar 11- AK
Ra:	8 Aq 56	Ke:	8 Le 56	HL:	0 Li 05	GL:	6 Sg 40

इंदु लग्न

नीचे इंदु लग्न है

इंदु लग्न की गणना करें तो यह मकर राशि में **धनिष्ठा नक्षत्र** में पड़ेगा।

इंदु लग्न का स्वामी शनि ग्रह चतुर्थ भाव में है और वह भी द्वितीय भाव का स्वामी है जिसकी दृष्टि दशम भाव और पंचमेश शुक्र पर है।

इंदु लग्न से बृहस्पति और शुक्र 10वें भाव में हैं। इंदु लग्न से बुध भाग्य के नौवें भाव में है। राहु इंदु लग्न से धन के दूसरे भाव में है।

राहु की दृष्टि 11वें भाव के स्वामी मंगल और 5वें भाव के स्वामी शुक्र पर है।

राहु, इंदु लग्न से बहुत प्रमुख हो जाता है क्योंकि यह 2रे, 5वें, 10वें और 11वें घरों से संबंध दर्शाता है।

As:	5 Vi 44	Su:	15 Le 45- BK	Mo:	28 Le 18- AmK	Ma:	5 Le 51- PK
Me (R):	4 Vi 12- GK	Ju:	9 Li 14- MK	Ve:	1 Li 52- DK	Sa:	29 Ar 11- AK
Ra:	8 Aq 56	Ke:	8 Le 56	HL:	0 Li 05	GL:	6 Sg 40

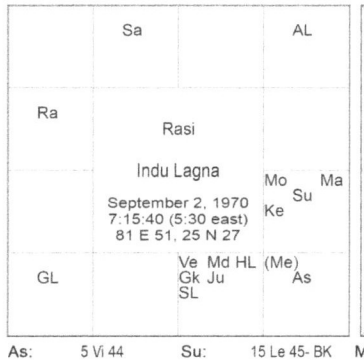

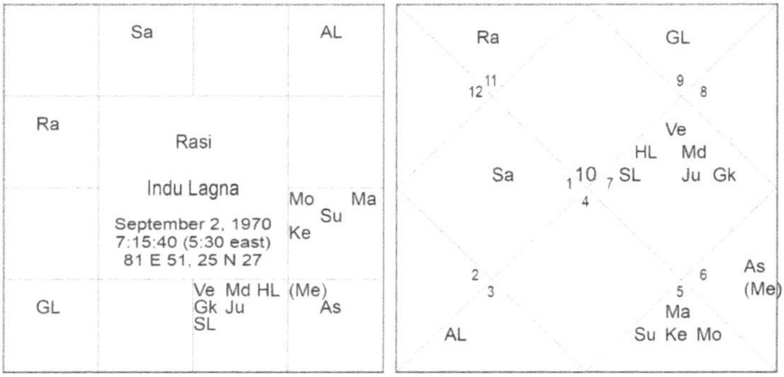

एस. प्रकाश

शुक्र लग्न

आइए देखते हैं शुक्र लग्न के माध्यम से

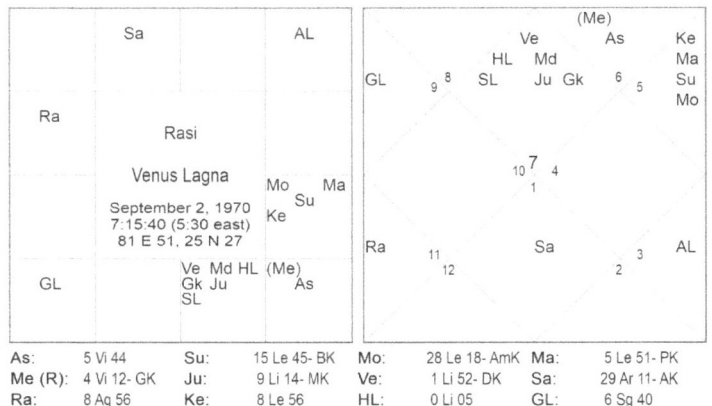

As:	5 Vi 44	Su:	15 Le 45- BK	Mo:	28 Le 18- AmK	Ma:	5 Le 51- PK
Me (R):	4 Vi 12- GK	Ju:	9 Li 14- MK	Ve:	1 Li 52- DK	Sa:	29 Ar 11- AK
Ra:	8 Aq 56	Ke:	8 Le 56	HL:	0 Li 05	GL:	6 Sg 40

यदि हम शुक्र को लग्न बनाते हैं तो देखते हैं कि शनि, शुक्र से सप्तम भाव में है।

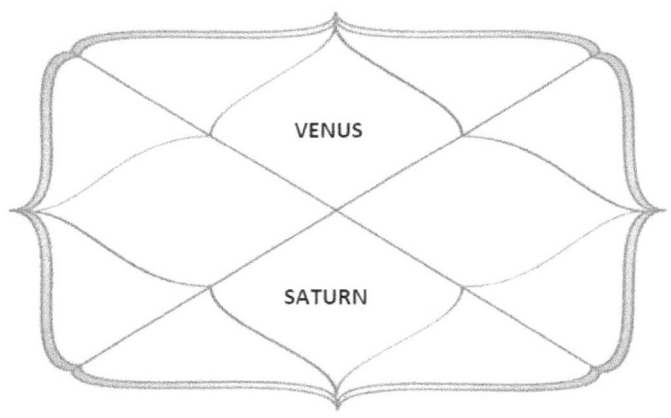

उदाहरण अध्ययन - 13

लग्न कुंडली

नीचे लग्न कुंडली है

यह एक पुरुष मूल निवासी का चार्ट है जो आईटी उद्योग में है और रेस्तरां की एक से अधिक श्रृंखला का मालिक है। राशि चार्ट में, 11वें घर का स्वामी शनि, 9वें घर में **शुक्र के पूर्वाषाढ़ा नक्षत्र** में है जो कि 2रे और 7वें घर का स्वामी है।

उन्होंने शुक्र महादशा में अपना व्यवसाय शुरू किया। शुक्र, सातवें भाव में बृहस्पति के **विशाखा नक्षत्र** में है जो तीसरे भाव में है और शुक्र और सातवें भाव को देख रहा है और गुरु की दृष्टि 9वें भाव और 11वें भाव पर है। हम देखते हैं कि 2रे, 7वें, 9वें और 11वें भाव अच्छी तरह से जुड़े हुए हैं. और इसी तरह से हम दृष्टि, गृह स्वामी और नक्षत्र माध्यम से धन संयोजन देखते हैं।

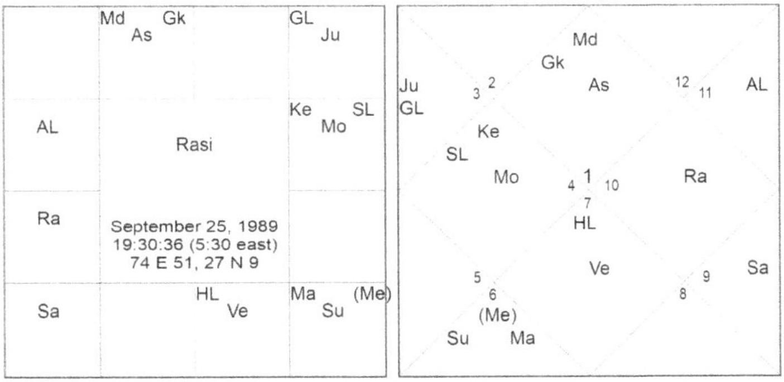

एस. प्रकाश

	Md Gk As	GL Ju	
AL		Ke SL Mo	
Ra	Rasi September 25, 1989 19:30:36 (5:30 east) 74 E 51, 27 N 9		
Sa	HL Ve	Ma (Me) Su	

As:	2 Ar 56	Su:	8 Vi 47- GK	Mo:	20 Cn 37- AmK	Ma:	10 Vi 11- PK
Me (R):	7 Vi 25- DK	Ju:	15 Ge 24- BK	Ve:	21 Li 26- AK	Sa:	13 Sg 46- MK
Ra:	29 Cp 55	Ke:	29 Cn 55	HL:	11 Li 32	GL:	1 Ge 29

*** 251 ***

इंदु लग्न

नीचे इंदु लग्न है

अगर हम इंदु लग्न की गणना करें तो यह बृहस्पति के **पूर्वाभद्रा नक्षत्र** में कुम्भ राशि में पड़ेगा। इंदु लग्न के स्वामी पर बृहस्पति की दृष्टि है जो 5वें भाव में है।

इंदु लग्न का स्वामी शनि है जो 11वें भाव में है और दूसरे भाव के स्वामी बृहस्पति की दृष्टि में है।

9वें भाव और 9वें भाव के स्वामी शुक्र पर बृहस्पति की दृष्टि में है।

यहां बृहस्पति बहुत महत्वपूर्ण भूमिका निभाता है क्योंकि यह 9वें, 11वें और 1 भाव को देखता है. इंदु लग्न काफी अच्छा धन संयोजन दर्शाता है क्योंकि धन देने वाले घर केंद्र और त्रिकोण घरों से जुड़े हुए हैं.

As:	2 Ar 56	Su:	8 Vi 47- GK	Mo:	20 Cn 37- AmK	Ma:	10 Vi 11- PK
Me (R):	7 Vi 25- DK	Ju:	15 Ge 24- BK	Ve:	21 Li 26- AK	Sa:	13 Sg 46- MK
Ra:	29 Cp 55	Ke:	29 Cn 55	HL:	11 Li 32	GL:	1 Ge 29

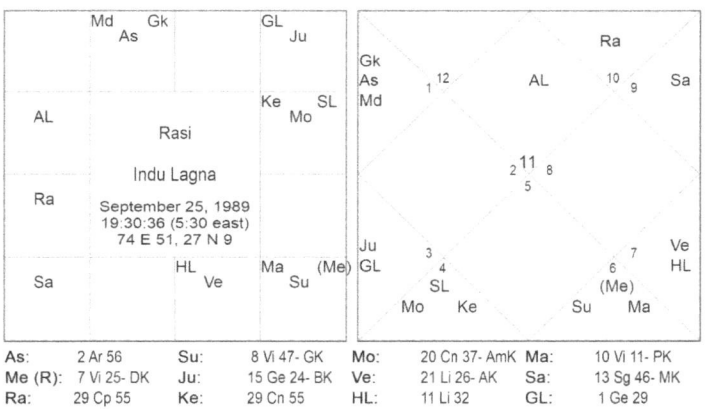

शुक्र लग्न

आइए देखते हैं शुक्र लग्न के माध्यम से

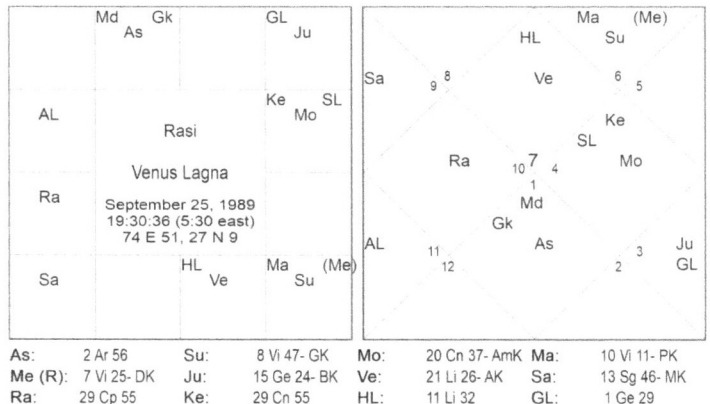

As:	2 Ar 56	Su:	8 Vi 47- GK	Mo:	20 Cn 37- AmK	Ma:	10 Vi 11- PK
Me (R):	7 Vi 25- DK	Ju:	15 Ge 24- BK	Ve:	21 Li 26- AK	Sa:	13 Sg 46- MK
Ra:	29 Cp 55	Ke:	29 Cn 55	HL:	11 Li 32	GL:	1 Ge 29

यदि हम शुक्र को लग्न बनाते हैं तो देखते हैं कि मंगल, शुक्र से 12वें भाव में है।

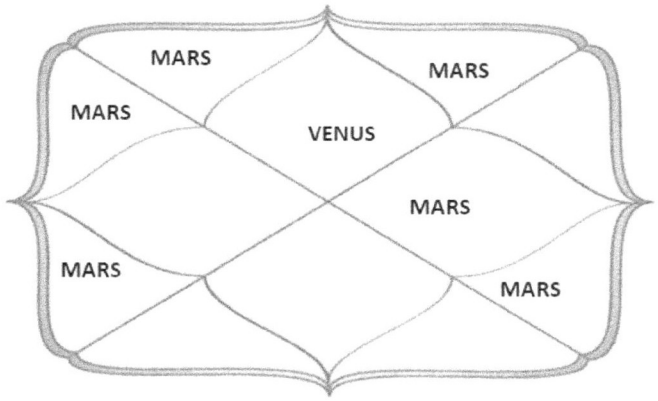

बृहस्पति, शुक्र से नवम भाव में है।

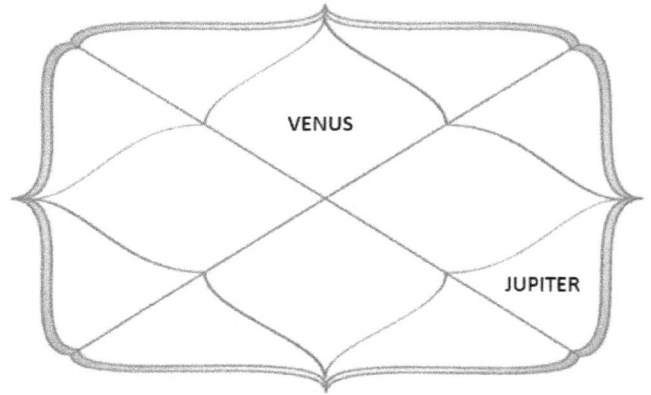

उदाहरण अध्ययन - 14

लग्न कुंडली

नीचे लग्न कुंडली है

यह एक पुरुष जातक का चार्ट है जो अनाज के थोक व्यापार में है।

मंगल **आर्द्रा नक्षत्र** में दूसरे भाव में है। द्वितीय भाव का स्वामी बुध, त्रिकोण भाव में स्वराशि में होकर 11वें भाव को देख रहा है।

11वें भाव का स्वामी बृहस्पति 6वें भाव में है और दूसरे भाव को देख रहा है। 11वें भाव के स्वामी बृहस्पति की दृष्टि 9वें भाव के शनि पर है। इसलिए हम देखते हैं कि 2रा, 5वां, 9वां और 11वां घर अच्छी तरह से जुड़े हुए हैं। **पूर्वाफाल्गुनी नक्षत्र** में केंद्र भाव में चंद्रमा और सूर्य एक साथ युति कर रहे हैं. और इसी तरह से हम दृष्टि, गृह स्वामी और नक्षत्र माध्यम से धन संयोजन देखते हैं।

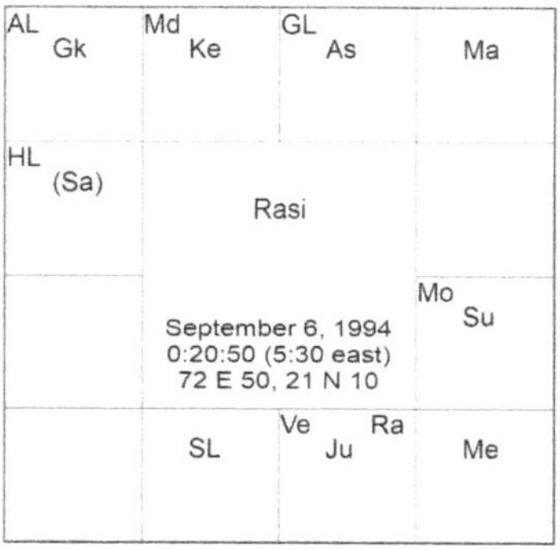

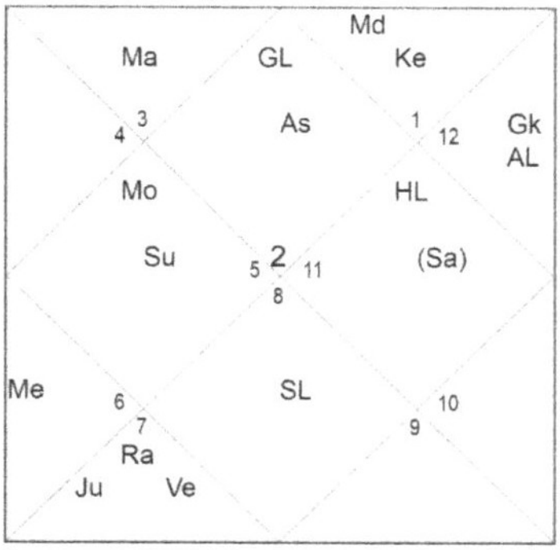

भृगु नंदी नाडी शुक्र गृह के डीएनए से

AL Gk	Md Ke	GL As	Ma
HL (Sa)	Rasi September 6, 1994 0:20:50 (5:30 east) 72 E 50, 21 N 10		Mo Su
	SL	Ve Ju Ra	Me

As:	26 Ta 46	Su:	19 Le 13- AmK	Mo:	19 Le 22- AK	Ma:	19 Ge 01- BK
Me:	8 Vi 41- GK	Ju:	16 Li 47- MK	Ve:	4 Li 35- DK	Sa (R):	14 Aq 55- PK
Ra:	24 Li 12	Ke:	24 Ar 12	HL:	15 Aq 32	GL:	11 Ta 07

*** 256 ***

इंदु लग्न

नीचे इंदु लग्न है

इंदु लग्न की गणना करें तो यह कुम्भ राशि में राहु के **शतभिषा नक्षत्र** में पड़ेगा। राहु इस नक्षत्र का स्वामी है और नौवें भाव में स्थित है, यदि हम इंदु लग्न बनाते हैं तो हम देखते हैं कि इंदु लग्न का स्वामी शनि अपनी मूल त्रिकोण राशि में है।

इंदु लग्न में, दूसरे और 11वें घर का स्वामी बृहस्पति 9वें घर में है जो 5वें घर को और 10वें घर के स्वामी मंगल को देखता है। इंदु लग्न पर 2रे और 11वें भाव के स्वामी बृहस्पति की दृष्टि है। **हम देखते हैं कि 2रा, 5वां, 9वां और 11वां घर अच्छी तरह से जुड़े हुए हैं। इंदु लग्न काफी अच्छा धन संयोजन दर्शाता है क्योंकि धन देने वाले घर केंद्र और त्रिकोण घरों से जुड़े हुए हैं.**

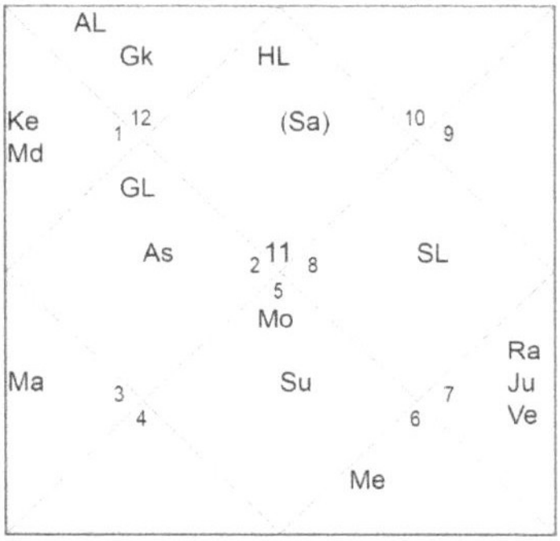

As: 26 Ta 46	Su: 19 Le 13- AmK	Mo: 19 Le 22- AK	Ma: 19 Ge 01- BK
Me: 8 Vi 41- GK	Ju: 16 Li 47- MK	Ve: 4 Li 35- DK	Sa (R): 14 Aq 55- PK
Ra: 24 Li 12	Ke: 24 Ar 12	HL: 15 Aq 32	GL: 11 Ta 07

शुक्र लग्न

आइए देखते हैं शुक्र लग्न के माध्यम से

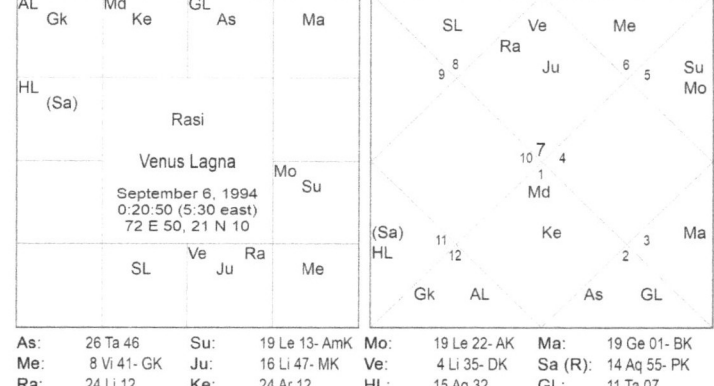

As:	26 Ta 46	Su:	19 Le 13- AmK	Mo:	19 Le 22- AK	Ma:	19 Ge 01- BK
Me:	8 Vi 41- GK	Ju:	16 Li 47- MK	Ve:	4 Li 35- DK	Sa (R):	14 Aq 55- PK
Ra:	24 Li 12	Ke:	24 Ar 12	HL:	15 Aq 32	GL:	11 Ta 07

यदि हम शुक्र को लग्न बनाते हैं तो देखते हैं कि मंगल, शुक्र से नवम भाव में है।

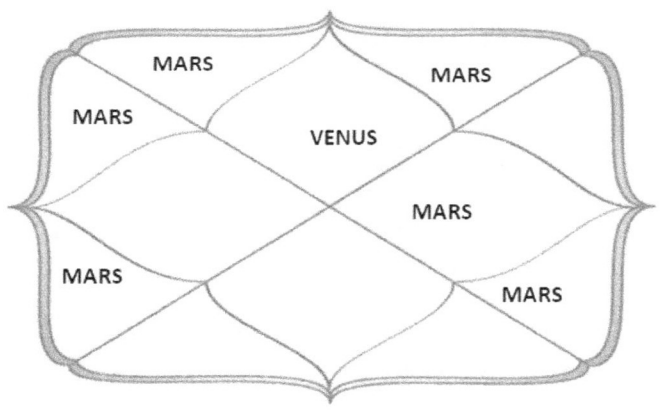

उदाहरण अध्ययन - 15

लग्न कुंडली

नीचे लग्न कुंडली है

यह एक पुरुष जातक का चार्ट है जो आईटी उद्योग में है और एक सॉफ्टवेयर इंजीनियर के रूप में काम करता है और वह 2015 में यूके में स्थानांतरित हो गया.

राशि चार्ट में, 5वें भाव का स्वामी सूर्य 11वें भाव में गुरु (9वें भाव का स्वामी है) के **पूर्वा भाद्र नक्षत्र** में है और आठवें घर में स्थित है जो दूसरे घर को देखता है। शनि उच्च का है और **स्वाति नक्षत्र** में है। प्रथम भाव का स्वामी मंगल और द्वितीय भाव का स्वामी शुक्र विदेश के 12वें भाव में **रेवती नक्षत्र** में है।

शुक्र दूसरे घर का स्वामी है (लग्न स्वामी मंगल के साथ विदेश के 12 वें घर में स्थित है) और नवम भाव का स्वामी बृहस्पति इस युति को देखता है और इस तरह जातक ने विदेश में धन कमाया.

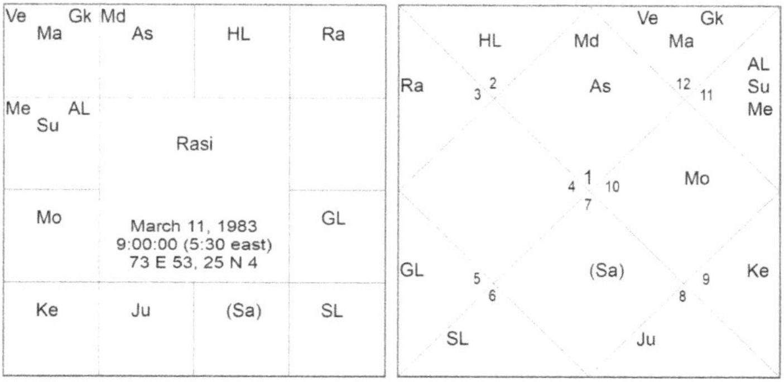

भृगु नंदी नाडी शुक्र गृह के डीएनए से

Ve Ma	Gk Md As	HL	Ra
Me Su AL	Rasi		
Mo	March 11, 1983 9:00:00 (5:30 east) 73 E 53, 25 N 4		GL
Ke	Ju	(Sa)	SL

North chart:
- HL, Md, Ve Gk Ma
- Ra 3 2, As, 12 11 AL Su Me
- 4 1 10, 7, Mo
- GL, 5 6, (Sa), 8 9, Ke
- SL, Ju

As:	9 Ar 08	Su:	26 Aq 24- AK	Mo:	16 Cp 16- PK
Ma:	17 Pi 15- BK	Me:	13 Aq 04- GK	Ju:	16 Sc 53- MK
Ve:	26 Pi 21- AmK	Sa (R):	10 Li 14- DK	Ra:	6 Ge 36
Ke:	6 Sg 36	HL:	0 Ta 10	GL:	5 Le 57

इंदु लग्न

नीचे इंदु लग्न है

इंदु लग्न की गणना करें तो यह मिथुन राशि में राहु के **स्वाति नक्षत्र** में पड़ेगा।

राहु इंदु लग्न में है और इंदु लग्न का मालिक बुध नवम भाव में है।

इंदु लग्न पर 11वें स्वामी मंगल की दृष्टि है।

नवमेश शनि (5वें घर में) की दृष्टि 11वें भाव और दूसरे भाव पर है और 5वें भाव का स्वामी शुक्र 10वें भाव में स्थित है **और इसी तरह 2रा, 5वां, 10वां, 9वां और 11वां घर जुड़ा हुआ है और इंदु लग्न काफी अच्छा धन संयोजन दर्शाता है.**

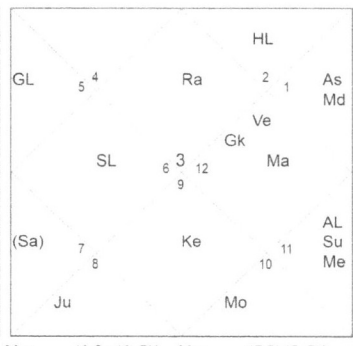

As: 9 Ar 08	Su: 26 Aq 24- AK	Mo: 16 Cp 16- PK	Ma: 17 Pi 15- BK
Me: 13 Aq 04- GK	Ju: 16 Sc 53- MK	Ve: 26 Pi 21- AmK	Sa (R): 10 Li 14- DK
Ra: 6 Ge 36	Ke: 6 Sg 36	HL: 0 Ta 10	GL: 5 Le 57

शुक्र लग्न

आइए देखते हैं शुक्र लग्न के माध्यम से

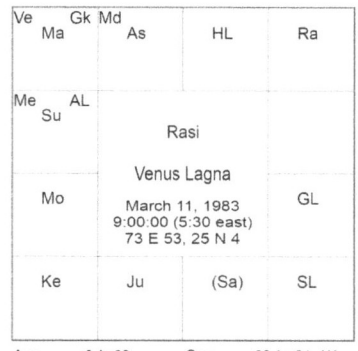
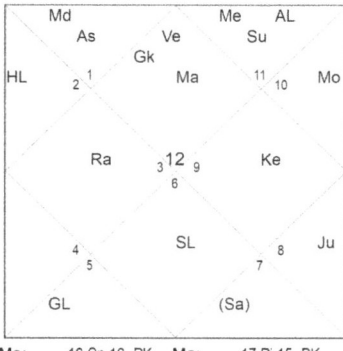

As:	9 Ar 08	Su:	26 Aq 24- AK	Mo:	16 Cp 16- PK	Ma:	17 Pi 15- BK
Me:	13 Aq 04- GK	Ju:	16 Sc 53- MK	Ve:	26 Pi 21- AmK	Sa (R):	10 Li 14- DK
Ra:	6 Ge 36	Ke:	6 Sg 36	HL:	0 Ta 10	GL:	5 Le 57

यदि हम शुक्र को लग्न बनाते हैं तो देखते हैं कि गुरु, शुक्र से नवम भाव में है।

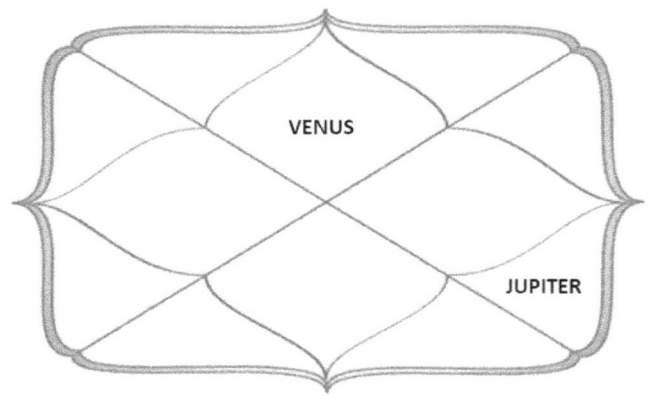

उदाहरण अध्ययन - 16

लग्न कुंडली

नीचे लग्न कुंडली है

यह एक महिला का चार्ट है जो पार्लरों की कई श्रृंखलाओं की मालिक है।

राशि चार्ट में, 5वें भाव का स्वामी मंगल 11वें भाव में **स्वाति नक्षत्र** में है, जो दूसरे भाव को देखता है। लग्न का स्वामी बृहस्पति भी **स्वाति नक्षत्र** में 11वें भाव में है जो व्यवसाय के 7वें भाव और 5वें भाव को देखता है।

द्वितीय भाव का स्वामी शनि दशम भाव में है और इसका स्वामी बुध, सूर्य के साथ नवम भाव में है और सप्तम भाव का स्वामी बुध नवम भाव में है. **और इसी तरह हम धन संयोजन, दृष्टि, गृह स्वामी और नक्षत्र माध्यम से देखते हैं।**

भृगु नंदी नाडी शुक्र गृह के डीएनए से

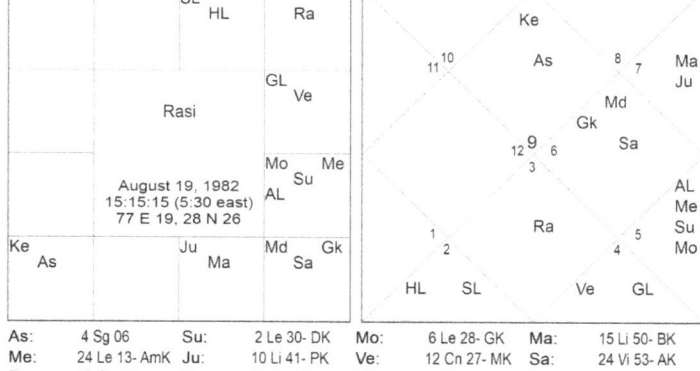

As:	4 Sg 06	Su:	2 Le 30- DK	Mo:	6 Le 28- GK	Ma:	15 Li 50- BK
Me:	24 Le 13- AmK	Ju:	10 Li 41- PK	Ve:	12 Cn 27- MK	Sa:	24 Vi 53- AK
Ra:	17 Ge 23	Ke:	17 Sg 23	HL:	11 Ta 48	GL:	11 Cn 19

इंदु लग्न

नीचे इंदु लग्न है

इंदु लग्न की गणना करें तो यह **पुष्य नक्षत्र** में कर्क राशि में आएगा।

इंदु लग्न का स्वामी चंद्रमा है जो द्वितीय भाव में द्वितीय भाव के स्वामी सूर्य के साथ है।

11वें भाव का स्वामी शुक्र इंदु लग्न में है. शुभ ग्रह शुक्र इंदु लग्न में है और शुभ ग्रह भी इंदु लग्न से दूसरे भाव में स्थित हैं। एक और शुभ ग्रह बृहस्पति भी इंदु लग्न से केंद्र में स्थित है.

इंदु लग्न काफी अच्छा धन संयोजन दर्शाता है क्योंकि धन देने वाले घर, केंद्र और त्रिकोण घरों से जुड़े हैं.

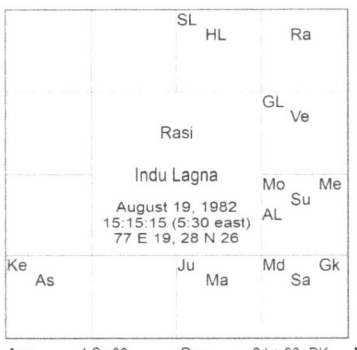

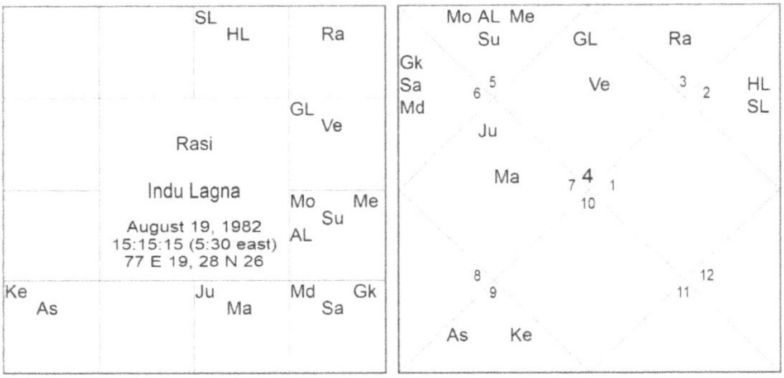

As:	4 Sg 06	Su:	2 Le 30- DK	Mo:	6 Le 28- GK	Ma:	15 Li 50- BK
Me:	24 Le 13- AmK	Ju:	10 Li 41- PK	Ve:	12 Cn 27- MK	Sa:	24 Vi 53- AK
Ra:	17 Ge 23	Ke:	17 Sg 23	HL:	11 Ta 48	GL:	11 Cn 19

शुक्र लग्न

आइए देखते हैं शुक्र लग्न के माध्यम से

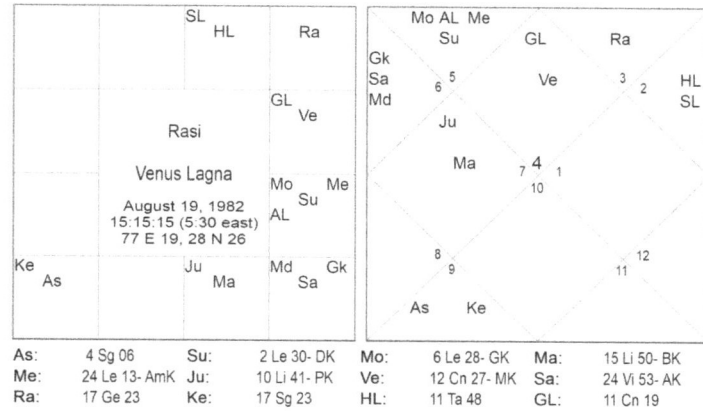

As:	4 Sg 06	Su:	2 Le 30- DK	Mo:	6 Le 28- GK	Ma:	15 Li 50- BK
Me:	24 Le 13- AmK	Ju:	10 Li 41- PK	Ve:	12 Cn 27- MK	Sa:	24 Vi 53- AK
Ra:	17 Ge 23	Ke:	17 Sg 23	HL:	11 Ta 48	GL:	11 Cn 19

यदि हम शुक्र को लग्न बनाते हैं, तो हम हैं कि चंद्रमा, शुक्र से दूसरे भाव में है।

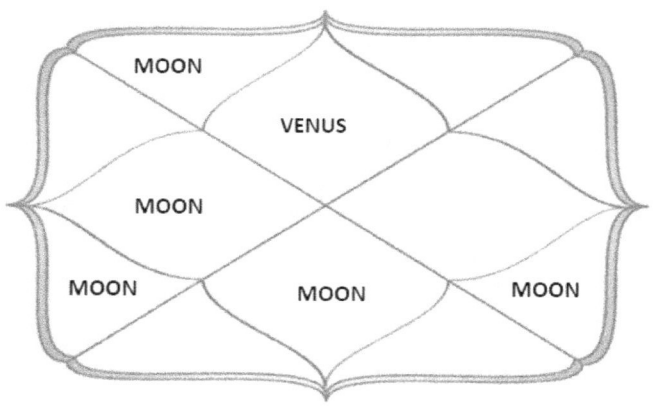

बुध, शुक्र से दूसरे भाव में है।

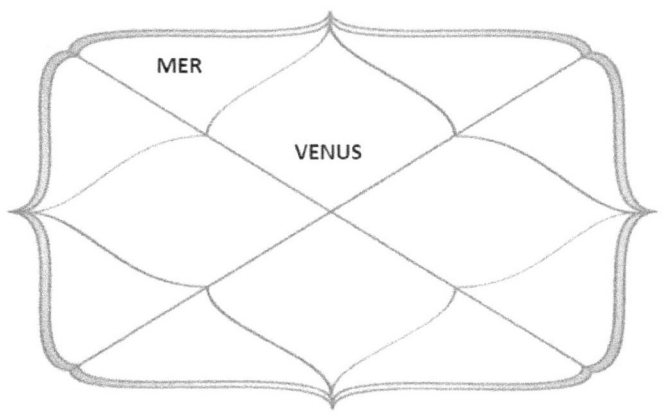

सूर्य, शुक्र से दूसरे भाव में है।

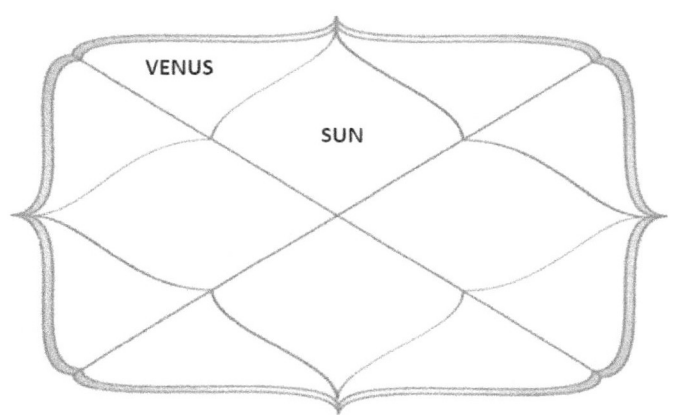

गुरु, शुक्र से चौथे भाव में है।

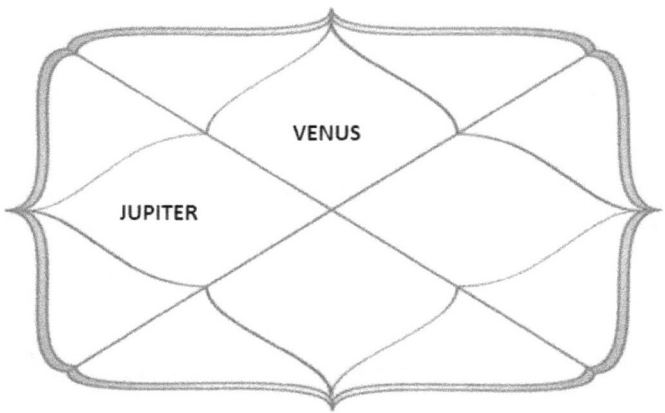

उदाहरण अध्ययन - 17

लग्न कुंडली

नीचे लग्न कुंडली है

यह एक पुरुष जातक का चार्ट है जो आईटी में काम करता है और पिछले कुछ वर्षों में कई संपत्तियां खरीदी हैं और अपनी विदेश यात्राओं से अच्छी संपत्ति अर्जित की है। राशि चार्ट में द्वितीयेश और सप्तमेश मंगल 11वें भाव में **पूर्वाफाल्गुनी नक्षत्र** में धन देने वाले भाव में है। **पूर्वाफाल्गुनी नक्षत्र** का स्वामी शुक्र दशम भाव में 5वें भाव के स्वामी सूर्य और 9वें भाव के स्वामी बुध के साथ है। 5वें भाव का स्वामी शनि त्रिकोण भाव में **आर्द्रा नक्षत्र** में है और 11वें भाव और दूसरे भाव के स्वामी मंगल को देखता है। लग्न स्वामी शुक्र, **पुनर्वसु नक्षत्र** में 10वें घर में, 11वें भाव के स्वामी सूर्य और 9वें भाव के स्वामी बुध के साथ है। **हम देखते हैं कि सभी ग्रह केंद्र या त्रिकोण भाव में हैं और धन देने वाले घरों से अच्छी तरह से जुड़े हुए हैं.**

भृगु नंदी नाडी शुक्र गृह के डीएनए से

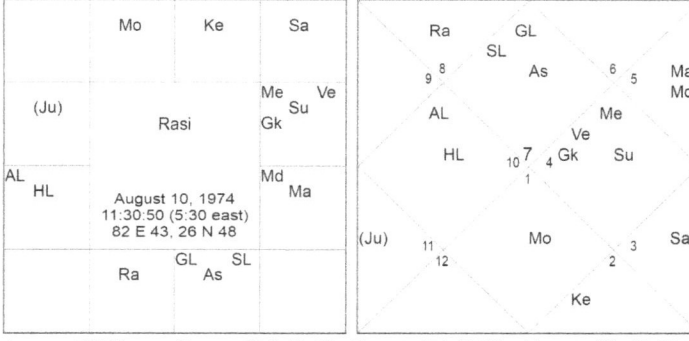

As:	13 Li 02	Su:	23 Cn 45- AK	Mo:	13 Ar 20- GK	Ma:	15 Le 06- PK
Me:	16 Cn 00- MK	Ju (R):	22 Aq 37- AmK	Ve:	0 Cn 45- DK	Sa:	19 Ge 57- BK
Ra:	22 Sc 43	Ke:	22 Ta 43	HL:	23 Cp 01	GL:	22 Li 15

इंदु लग्न

नीचे इंदु लग्न है

इंदु लग्न की गणना करें तो यह **हस्त नक्षत्र** में कन्या राशि में आएगा।

इंदु लग्न का स्वामी बुध, 11वें भाव में दूसरे भाव और 9वें भाव के स्वामी शुक्र के साथ है। 10वें भाव के स्वामी बुध भी 11वें भाव से और 5वें घर से जुड़ा हुआ है. इस प्रकार इंदु लग्न काफी अच्छा धन संयोजन दर्शाता है क्योंकि धन देने वाले घर केंद्र और त्रिकोण घरों से जुड़े हैं.

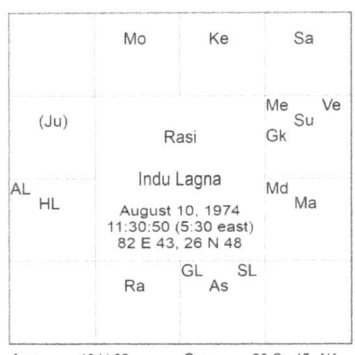 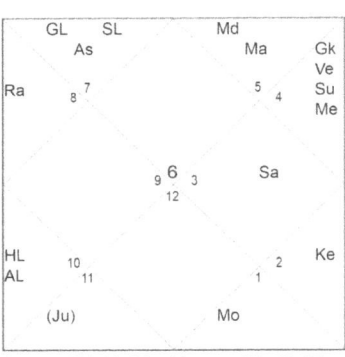

As:	13 Li 02	Su:	23 Cn 45- AK	Mo:	13 Ar 20- GK	Ma:	15 Le 06- PK
Me:	16 Cn 00- MK	Ju (R):	22 Aq 37- AmK	Ve:	0 Cn 45- DK	Sa:	19 Ge 57- BK
Ra:	22 Sc 43	Ke:	22 Ta 43	HL:	23 Cp 01	GL:	22 Li 15

शुक्र लग्न

आइए देखते हैं शुक्र लग्न के माध्यम से

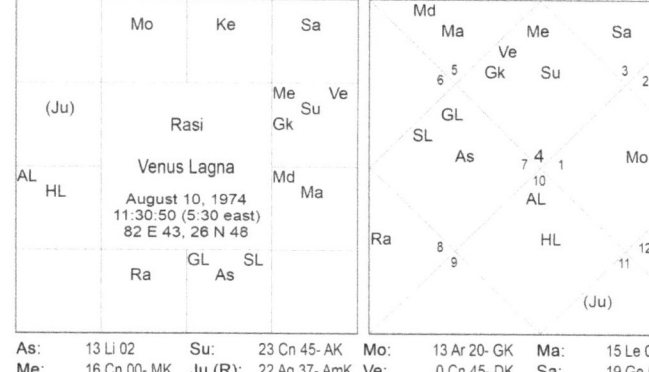

As:	13 Li 02	Su:	23 Cn 45- AK	Mo:	13 Ar 20- GK	Ma:	15 Le 06- PK
Me:	16 Cn 00- MK	Ju (R):	22 Aq 37- AmK	Ve:	0 Cn 45- DK	Sa:	19 Ge 57- BK
Ra:	22 Sc 43	Ke:	22 Ta 43	HL:	23 Cp 01	GL:	22 Li 15

यदि हम शुक्र को लग्न बनाते हैं तो देखते हैं कि मंगल, शुक्र से दूसरे भाव में है।

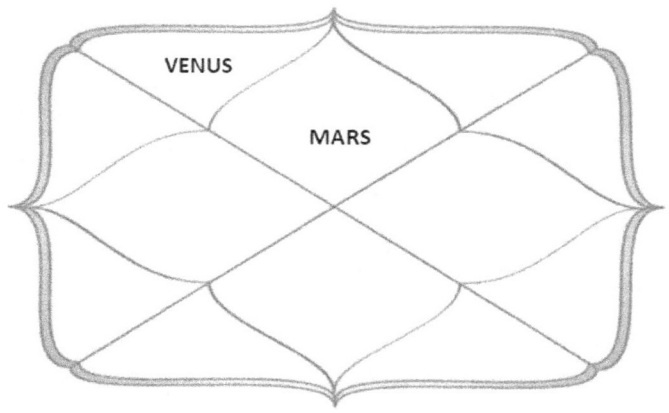

उदाहरण अध्ययन - 18

लग्न कुंडली

नीचे लग्न कुंडली है

यह एक पुरुष जातक का चार्ट है जो दो पेट्रोल पंपों का मालिक है और अपने पिता से अच्छी संपत्ति प्राप्त करता है।

राशि चार्ट में लग्न स्वामी शुक्र 11वें भाव में केतु के **मघा नक्षत्र** में धन देने वाले भाव में है। पंचमेश शनि की दृष्टि 11वें भाव पर और आठवें भाव के स्वामी शुक्र पर दृष्टि है। 11वें भाव का स्वामी सूर्य, 9वें भाव के स्वामी बुध के साथ **पुनर्वसु नक्षत्र** में 10वें भाव (केन्द्र भाव) में हैं। दसवें भाव का स्वामी चंद्रमा, चौथे और पांचवें भाव के स्वामी शनि के साथ दूसरे भाव में है और दोनों **अनुराधा नक्षत्र** में हैं. और इसी तरह हम देखते हैं कि केंद्र और त्रिकोण घर जुड़े हुए हैं. **और इसी तरह से हम दृष्टि, गृह स्वामी और नक्षत्र माध्यम से धन संयोजन देखते हैं।**

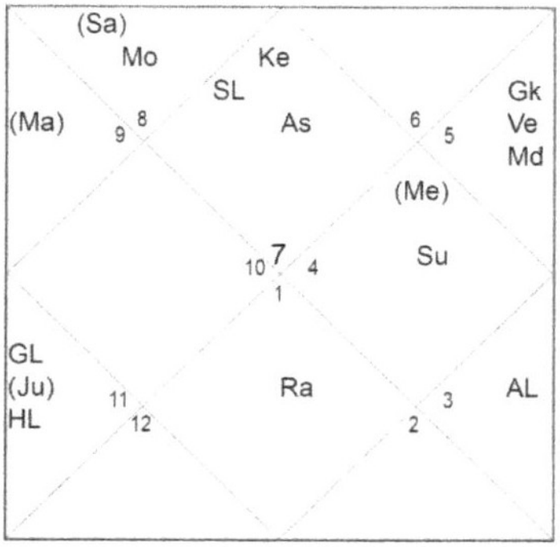

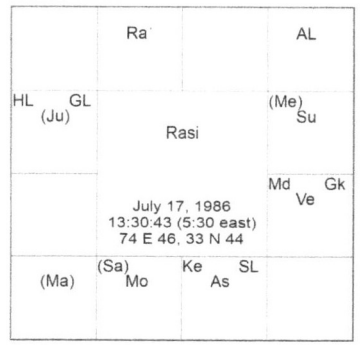

As:	9 Li 45	**Su:**	0 Cn 49- DK	**Mo:**	3 Sc 35- GK	**Ma (R):**	21 Sg 59- AmK
Me (R):	10 Cn 39- MK	**Ju (R):**	29 Aq 10- AK	**Ve:**	12 Le 45- BK	**Sa (R):**	9 Sc 45- PK
Ra:	1 Ar 43	**Ke:**	1 Li 43	**HL:**	27 Aq 31	**GL:**	23 Aq 03

इंदु लग्न

नीचे इंदु लग्न है

इस कुंडली में इंदु लग्न एक ही है, अगर हम इंदु लग्न की गणना करें तो लग्नेश शुक्र 11वें भाव में है जो बृहस्पति और शनि द्वारा देखा जाता हे, पंचम भाव से और द्वितीय भाव से.

इंदु लग्न भी काफी अच्छा धन संयोजन दर्शाता है क्योंकि धन देने वाले घर केंद्र और त्रिकोण घरों से जुड़े होते हैं.

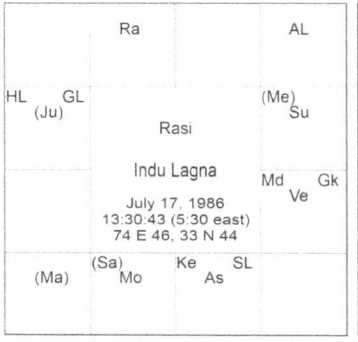

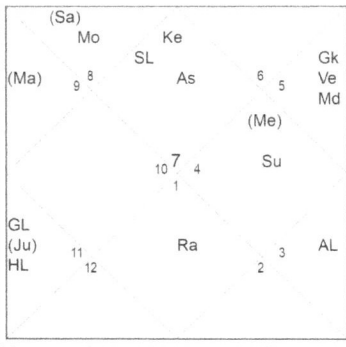

As:	9 Li 45	Su:	0 Cn 49- DK	Mo:	3 Sc 35- GK	Ma (R):	21 Sg 59- AmK
Me (R):	10 Cn 39- MK	Ju (R):	29 Aq 10- AK	Ve:	12 Le 45- BK	Sa (R):	9 Sc 45- PK
Ra:	1 Ar 43	Ke:	1 Li 43	HL:	27 Aq 31	GL:	23 Aq 03

शुक्र लग्न

आइए देखते हैं शुक्र लग्न के माध्यम से

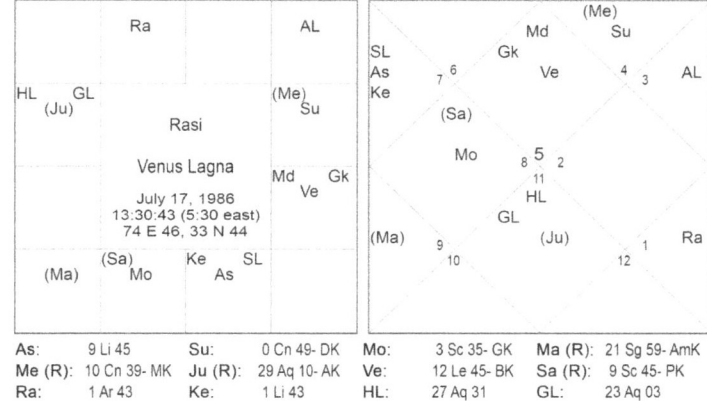

As: 9 Li 45	**Su:** 0 Cn 49- DK	**Mo:** 3 Sc 35- GK	**Ma (R):** 21 Sg 59- AmK
Me (R): 10 Cn 39- MK	**Ju (R):** 29 Aq 10- AK	**Ve:** 12 Le 45- BK	**Sa (R):** 9 Sc 45- PK
Ra: 1 Ar 43	**Ke:** 1 Li 43	**HL:** 27 Aq 31	**GL:** 23 Aq 03

यदि हम शुक्र को लग्न बनाते हैं तो देखते हैं कि चंद्रमा, शुक्र से चतुर्थ भाव में है।

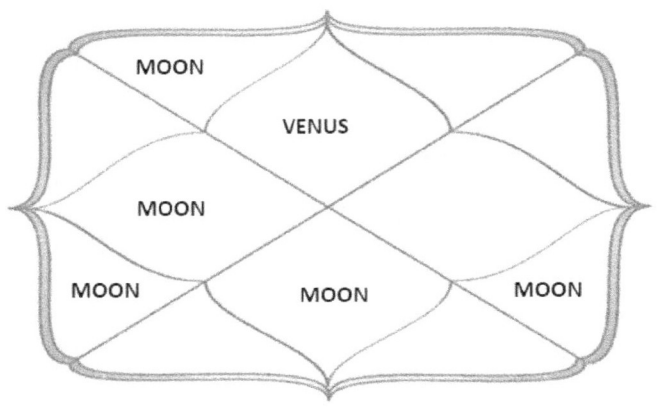

मंगल, शुक्र से पंचम भाव में है।

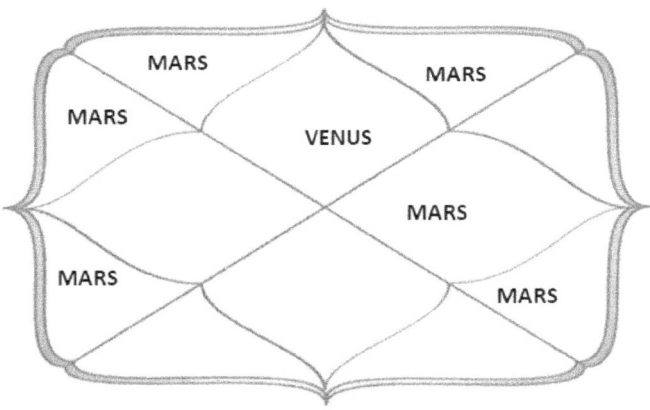

बृहस्पति, शुक्र से सातवें भाव में है।

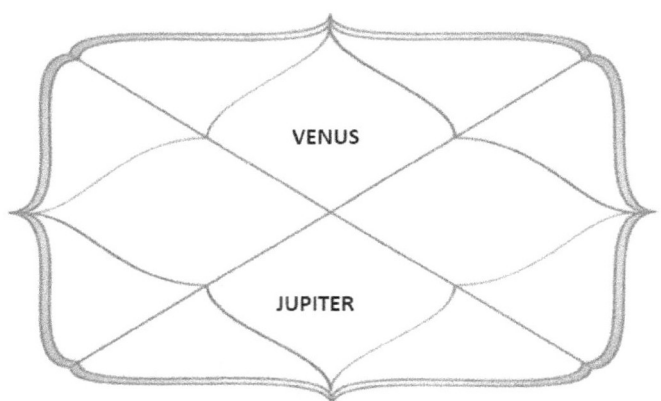

उदाहरण अध्ययन - 19

लग्न कुंडली

नीचे लग्न कुंडली है

यह एक पुरुष जातक का चार्ट है जो अपनी इवेंट मैनेजमेंट कंपनी का मालिक है और एंकर के रूप में काम करता है।

राशि चार्ट में लग्न का स्वामी बुध दूसरे भाव में **विशाखा नक्षत्र** में दूसरे भाव के स्वामी शुक्र के साथ है। **विशाखा नक्षत्र** में दूसरे भाव में 5वें भाव का स्वामी शनि और 7वें भाव का स्वामी बृहस्पति एक साथ युति में हैं। 11वें भाव पर शनि की दृष्टि और 10वें भाव पर बृहस्पति की दृष्टि हैं। चतुर्थ, पंचम, सप्तमेश और दशमेश एक साथ द्वितीय भाव में द्वितीयेश के साथ युति कर रहे हैं और इसी तरह से हम **दृष्टि, गृह स्वामी और नक्षत्र माध्यम से धन संयोजन देखते हैं।**

एस. प्रकाश

GL			Ra
			Gk HL
	Rasi		
	November 13, 1982 3:30:41 (5:30 east) 82 E 3, 27 N 35		Md
Ke Ma	AL	Me Sa Ju SL Su Ve	Mo As

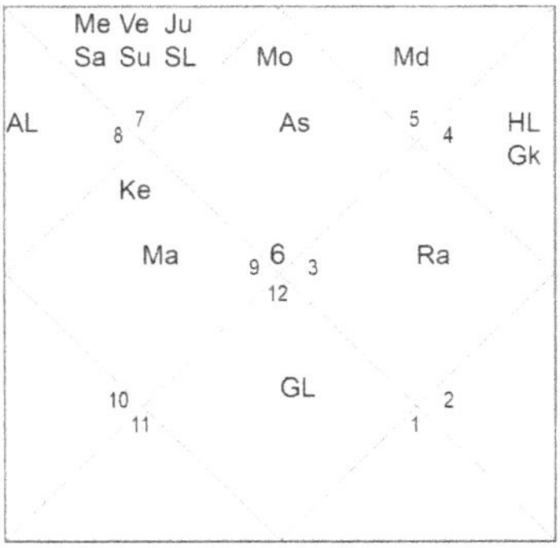

Me Ve Ju Sa Su SL	Mo		Md
AL 8 ⁷		As	5 ₄ HL Gk
Ke			
Ma	₉ 6 ₃ 12		Ra
10 11	GL		2 1

As:	18 Vi 45	Su:	26 Li 36- BK	Mo:	24 Vi 41- MK	Ma:	15 Sg 24- GK
Me:	22 Li 33- PK	Ju:	27 Li 08- AmK	Ve:	28 Li 49- AK	Sa:	4 Li 35- DK
Ra:	12 Ge 51	Ke:	12 Sg 51	HL:	29 Cn 05	GL:	19 Pi 08

इंदु लग्न

नीचे इंदु लग्न है

इंदु लग्न की गणना करें तो **पूर्वाफाल्गुनी नक्षत्र** में सिंह राशि में पड़ेगा।

इन्दु लग्न का स्वामी सूर्य है जो 10वें भाव का स्वामी और 5वें भाव का स्वामी के साथ संचार के तीसरे घर में है और यह संचार कौशल से धन को दर्शाता है. इंदु लग्न काफी अच्छा धन संयोजन दर्शाता है संचार कौशल से.

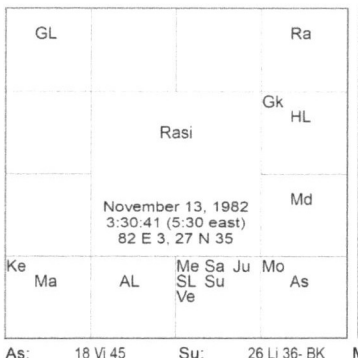
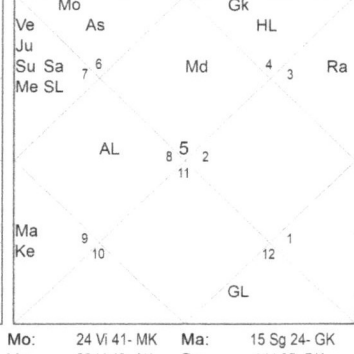

As:	18 Vi 45	Su:	26 Li 36- BK	Mo:	24 Vi 41- MK	Ma:	15 Sg 24- GK
Me:	22 Li 33- PK	Ju:	27 Li 08- AmK	Ve:	28 Li 49- AK	Sa:	4 Li 35- DK
Ra:	12 Ge 51	Ke:	12 Sg 51	HL:	29 Cn 05	GL:	19 Pi 08

शुक्र लग्न

आइए देखते हैं शुक्र लग्न के माध्यम से

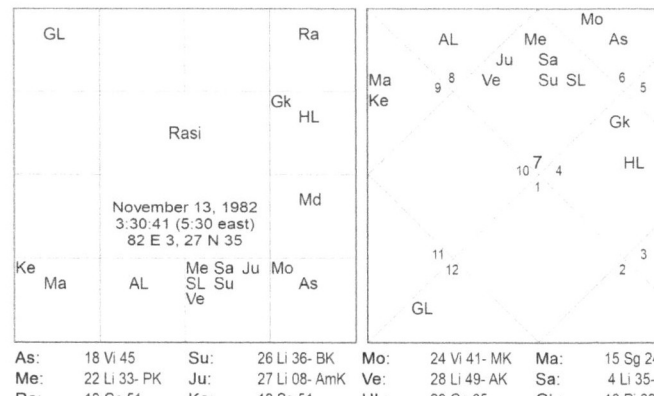

As:	18 Vi 45	Su:	26 Li 36- BK	Mo:	24 Vi 41- MK	Ma:	15 Sg 24- GK
Me:	22 Li 33- PK	Ju:	27 Li 08- AmK	Ve:	28 Li 49- AK	Sa:	4 Li 35- DK
Ra:	12 Ge 51	Ke:	12 Sg 51	HL:	29 Cn 05	GL:	19 Pi 08

यदि हम शुक्र को लग्न बनाते हैं तो देखते हैं कि मंगल, शुक्र से तीसरे भाव में है।

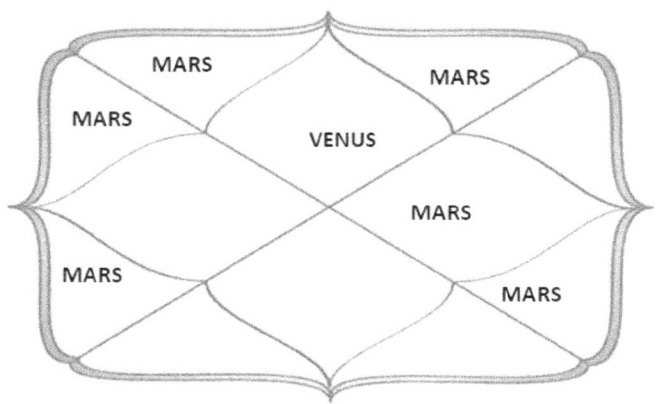

उदाहरण अध्ययन - 20

लग्न कुंडली

नीचे लग्न कुंडली है

यह एक पुरुष जातक का चार्ट है जो गूगल में आईटी डोमेन में काम करता है।

राशि चार्ट में, 9वें भाव का स्वामी बृहस्पति पहले घर में शनि के **पुष्य नक्षत्र** में उच्च के हैं, जो धन के दूसरे घर में है। प्रथम भाव का स्वामी चंद्रमा **रेवती नक्षत्र** में नवम भाव में है। बृहस्पति और चंद्रमा के बीच राशि का आदान-प्रदान होता है इसलिए यह केंद्र और त्रिकोण भावों के साथ मजबूत संबंध दर्शाता है। बृहस्पति की दृष्टि 5वें और 9वें भाव पर है। शनि, धन के दूसरे भाव में शुक्र के **पूर्वाफाल्गुनी नक्षत्र** में है जो 5वें भाव में है और 11वें भाव को देख रहा है। **यह केंद्र और त्रिकोण घरों से नक्षत्र के माध्यम से धन संयोजन दिखाता है। और इसी तरह से हम दृष्टि, गृह स्वामी और नक्षत्र माध्यम से धन संयोजन देखते हैं।**

एस. प्रकाश

Mo			
Ke	Rasi		(Ju) As
HL	January 5, 1979 19:35:00 (5:30 east) 77 E 35, 12 N 59		Ra GL (Sa)
Ma Su SL	Me AL Ve	Md	Gk

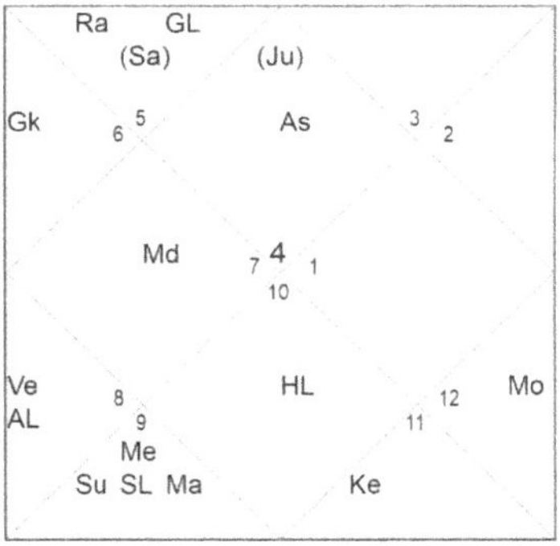

Gk	Ra GL (Sa) 6 5	(Ju)	As 3 2
Ve AL	Md 7 4 1 10		
	8 9 Me Su SL Ma	HL	Mo 12 11
		Ke	

As: 12 Cn 01   Su: 21 Sg 06- BK   Mo: 22 Pi 34- AmK   Ma: 24 Sg 42- AK
Me: 1 Sg 44- DK   Ju (R): 12 Cn 56- PK   Ve: 4 Sc 54- GK   Sa (R): 20 Le 16- MK
Ra: 27 Le 26   Ke: 27 Aq 26   HL: 14 Cp 37   GL: 20 Le 42

इंदु लग्न

नीचे इंदु लग्न है

इंदु लग्न की गणना करें तो यह **पुनर्वसु नक्षत्र** में मिथुन राशि में आएगा।

इंदु लग्न का स्वामी बुध 7वें भाव में 11वें भाव के स्वामी मंगल के साथ है।

7 वें घर का स्वामी **और** 10वें घर का स्वामी बृहस्पति धन के दूसरे घर में है जो 10वें घर को देख रहा है. और इसी तरह हम देखते हैं कि शुभ ग्रह इंदु लग्न से केंद्र और त्रिकोण घरों से जुड़े हुए हैं **और इंदु लग्न काफी अच्छा धन संयोजन दर्शाता है क्योंकि धन देने वाले घर केंद्र और त्रिकोण घरों से जुड़े हुए हैं.**

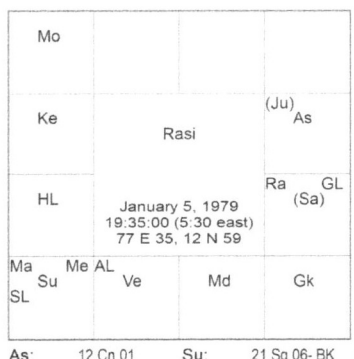
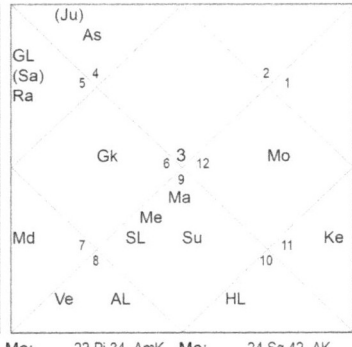

As:	12 Cn 01	Su:	21 Sg 06- BK	Mo:	22 Pi 34- AmK	Ma:	24 Sg 42- AK
Me:	1 Sg 44- DK	Ju (R):	12 Cn 56- PK	Ve:	4 Sc 54- GK	Sa (R):	20 Le 16- MK
Ra:	27 Le 26	Ke:	27 Aq 26	HL:	14 Cp 37	GL:	20 Le 42

शुक्र लग्न

आइए देखते हैं शुक्र लग्न के माध्यम से

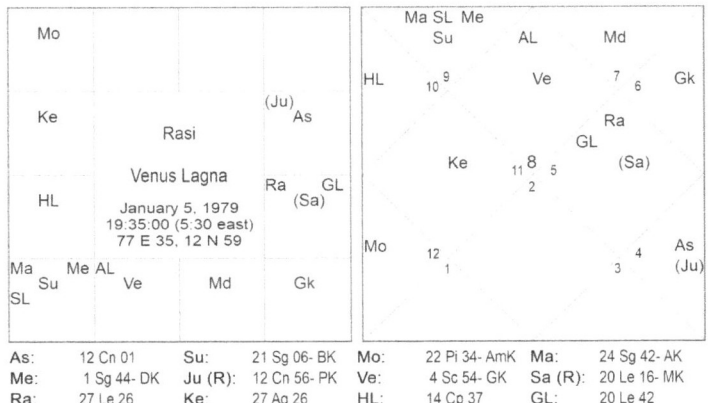

As:	12 Cn 01	Su:	21 Sg 06- BK	Mo:	22 Pi 34- AmK	Ma:	24 Sg 42- AK
Me:	1 Sg 44- DK	Ju (R):	12 Cn 56- PK	Ve:	4 Sc 54- GK	Sa (R):	20 Le 16- MK
Ra:	27 Le 26	Ke:	27 Aq 26	HL:	14 Cp 37	GL:	20 Le 42

यदि हम शुक्र को लग्न बनाते हैं तो देखते हैं कि मंगल, शुक्र से दूसरे भाव में है।

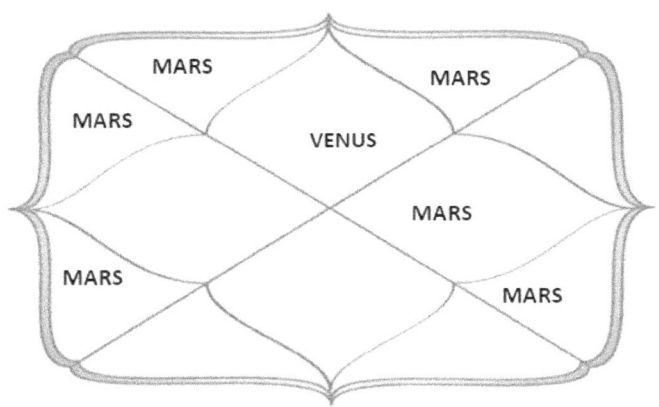

बुध, शुक्र से दूसरे भाव में है।

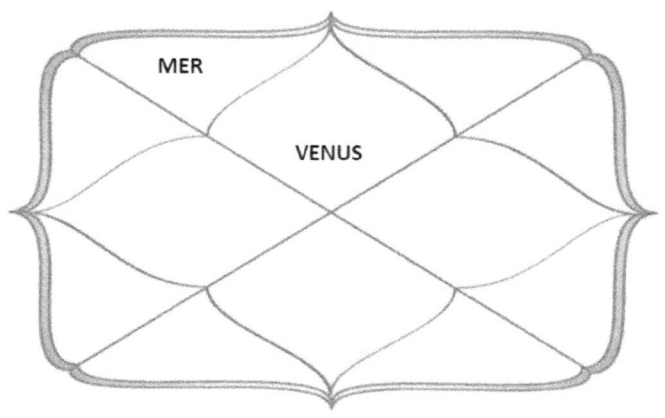

सूर्य, शुक्र से दूसरे भाव में है।

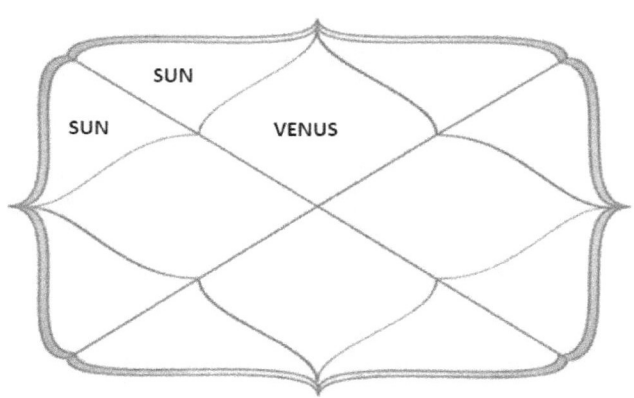

बृहस्पति, शुक्र से नौवें भाव में है।

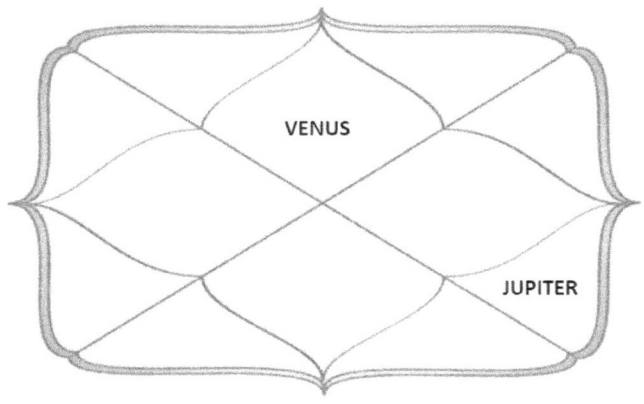

चंद्रमा, शुक्र से पंचम भाव में है।

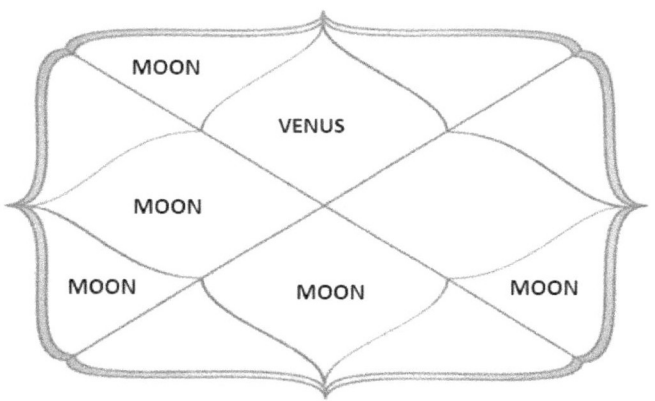

राहु और शनि, शुक्र से 10वें भाव में हैं।

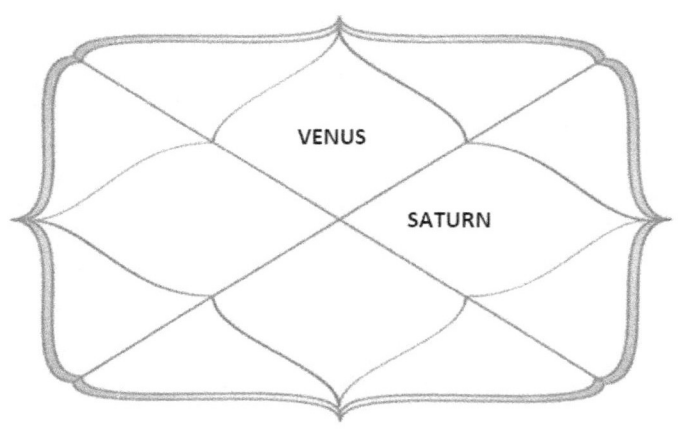

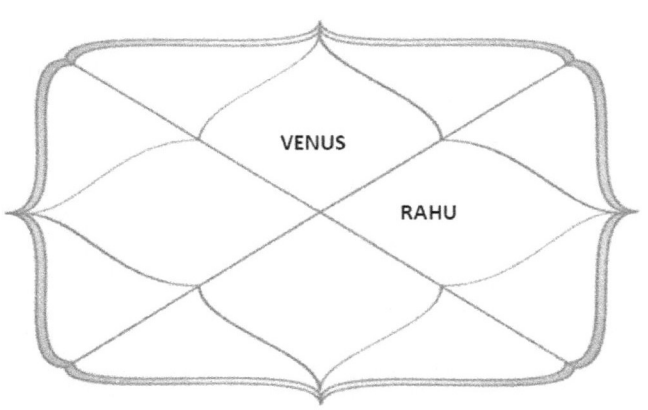

उदाहरण अध्ययन - 21

लग्न कुंडली

नीचे लग्न कुंडली है

यह एक पुरुष जातक का चार्ट है जो पिछले 10 वर्षों से अमेरिका में IT कंपनी में काम कर रहा है।

राशि चार्ट में लग्न का स्वामी शनि दशम भाव में है और दशमेश मंगल **अनुराधा नक्षत्र** में है।

2रे और 11वें भाव का स्वामी बृहस्पति **धनिष्ठा नक्षत्र** में पहले घर में हैं जो 5वें और 9वें घर को देख रहा है। यह केंद्र और त्रिकोण घरों से, नक्षत्र के माध्यम से धन संयोजन दिखाता है।

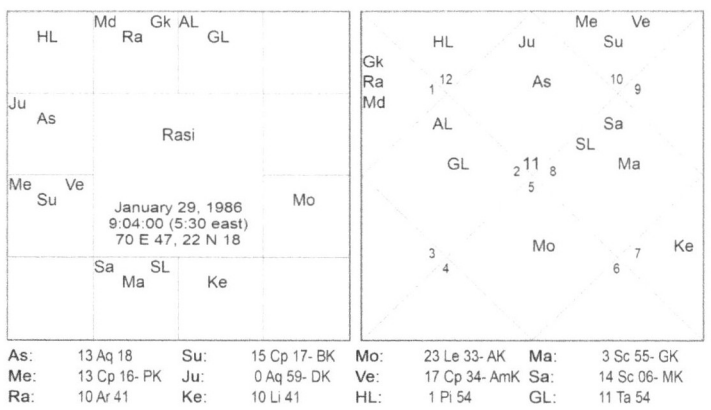

As:	13 Aq 18	Su:	15 Cp 17- BK	Mo:	23 Le 33- AK	Ma:	3 Sc 55- GK
Me:	13 Cp 16- PK	Ju:	0 Aq 59- DK	Ve:	17 Cp 34- AmK	Sa:	14 Sc 06- MK
Ra:	10 Ar 41	Ke:	10 Li 41	HL:	1 Pi 54	GL:	11 Ta 54

इंदु लग्न

नीचे इंदु लग्न है

इंदु लग्न की गणना करें तो यह **धनिष्ठा नक्षत्र** में मकर राशि में आएगा।

इंदु लग्न का स्वामी और द्वितीय भाव का स्वामी शनि 11वें भाव में 11वें भाव के स्वामी मंगल के साथ है।

मंगल की दृष्टि धन के दूसरे भाव पर है।

5वें और 9वें भाव के स्वामी पहले भाव में हैं। शुभ ग्रह बृहस्पति इंदु लग्न से दूसरे भाव में स्थित है।

इंदु लग्न काफी अच्छा धन संयोजन दर्शाता है क्योंकि धन देने वाले घर केंद्र और त्रिकोण घरों से जुड़े हुए हैं.

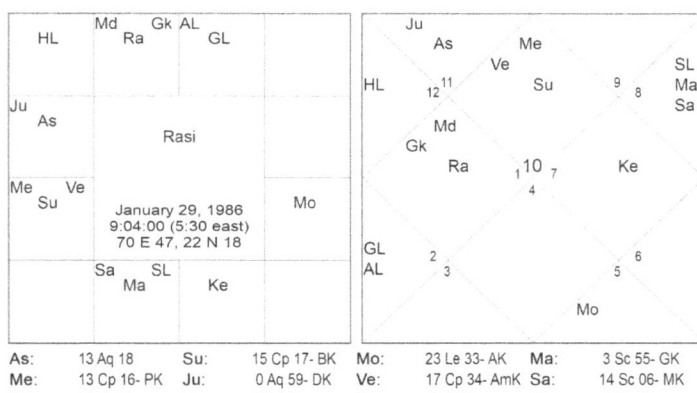

As:	13 Aq 18	Su:	15 Cp 17- BK	Mo:	23 Le 33- AK	Ma:	3 Sc 55- GK
Me:	13 Cp 16- PK	Ju:	0 Aq 59- DK	Ve:	17 Cp 34- AmK	Sa:	14 Sc 06- MK
Ra:	10 Ar 41	Ke:	10 Li 41	HL:	1 Pi 54	GL:	11 Ta 54

शुक्र लग्न

आइए देखते हैं शुक्र लग्न के माध्यम से

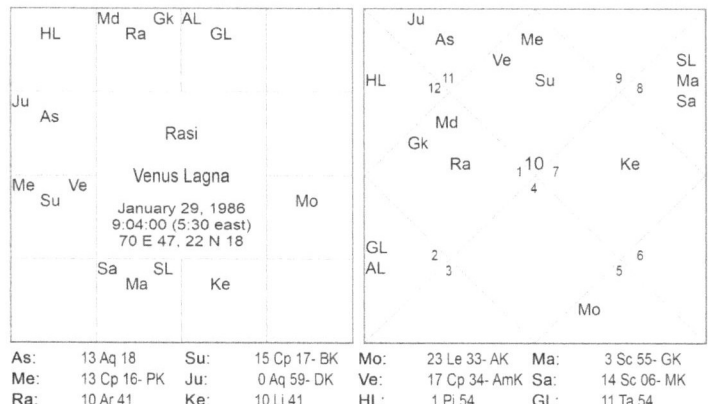

As: 13 Aq 18	Su: 15 Cp 17- BK	Mo: 23 Le 33- AK	Ma: 3 Sc 55- GK
Me: 13 Cp 16- PK	Ju: 0 Aq 59- DK	Ve: 17 Cp 34- AmK	Sa: 14 Sc 06- MK
Ra: 10 Ar 41	Ke: 10 Li 41	HL: 1 Pi 54	GL: 11 Ta 54

शुक्र को लग्न बनाते हैं तो देखते हैं कि बृहस्पति, शुक्र से दूसरे भाव में है।

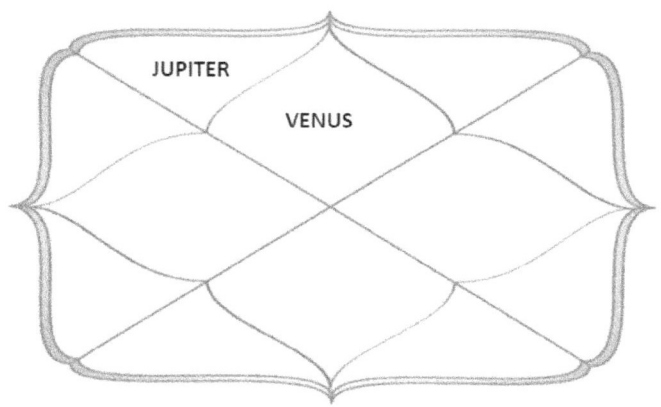

शनि, शुक्र से 11वें भाव में है।

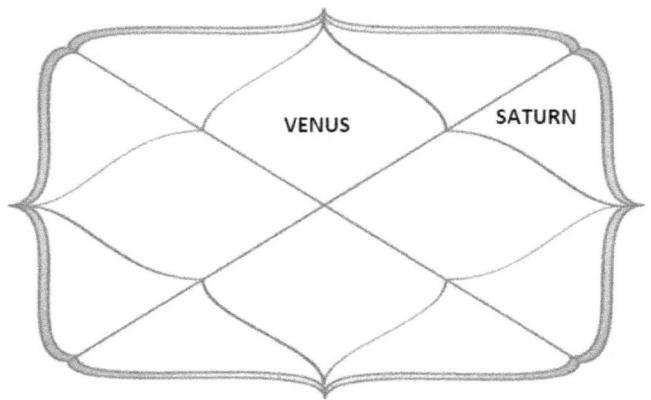

उदाहरण अध्ययन - 22

लग्न कुंडली

नीचे लग्न कुंडली है

यह एक ऐसे पुरुष जातक की कुण्डली है जो सरसों के तेल वितरण का बहुत बड़े पैमाने पर कारोबार करता है। यह बिजनेस उन्हें अपने पिता से विरासत में मिला है। राशि चार्ट में, द्वितीय भाव का शनि व्यवसाय के 7वें घर में **पुनर्वसु नक्षत्र** में है जिस पर 5वें घर के स्वामी, मंगल की दृष्टि है। प्रथम भाव का स्वामी बृहस्पति चतुर्थ भाव में हंस महापुरुष राज योग और गज केसरी योग में अपनी स्वराशि में है और 11वें भाव के स्वामी शुक्र पर दृष्टि डाल रहा है। बृहस्पति और मंगल **रेवती नक्षत्र** में हैं। 11 वें घर का स्वामी शुक्र, शनि के **पुष्य नक्षत्र** में 8 वें घर में है, और दूसरे घर को देखता है. शनि की दृष्टि प्रथम भाव के स्वामी बृहस्पति पर है जो चतुर्थ भाव में है। यह केंद्र और त्रिकोण घरों से नक्षत्र के माध्यम से धन संयोजन दिखाता है।

भृगु नंदी नाडी शुक्र गृह के डीएनए से

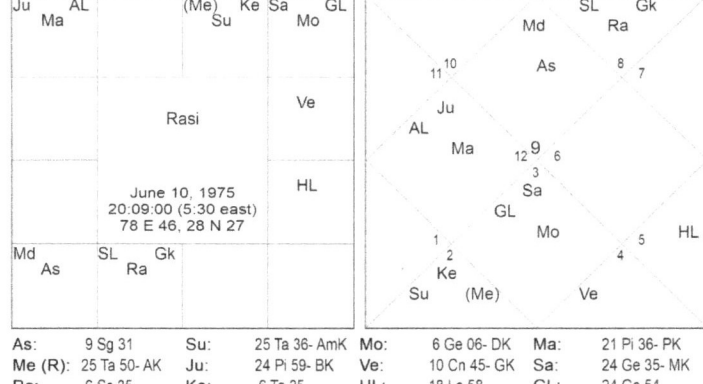

As:	9 Sg 31	Su:	25 Ta 36- AmK	Mo:	6 Ge 06- DK	Ma:	21 Pi 36- PK
Me (R):	25 Ta 50- AK	Ju:	24 Pi 59- BK	Ve:	10 Cn 45- GK	Sa:	24 Ge 35- MK
Ra:	6 Sc 35	Ke:	6 Ta 35	HL:	18 Le 58	GL:	24 Ge 54

इंदु लग्न

नीचे इंदु लग्न है

अगर हम इंदु लग्न की गणना करें तो यह **मूल नक्षत्र** में धनु राशि में आएगा।

इंदु लग्न का स्वामी गुरु अपनी स्वराशि में है और पंचमेश मंगल के साथ युति कर रहा है और दशम भाव और 11वें भाव के स्वामी शुक्र को देख रहा है।

इंदु लग्न के स्वामी पर द्वितीय भाव के स्वामी शनि की दृष्टि है. इंदु लग्न काफी अच्छा धन संयोजन दर्शाता है क्योंकि धन देने वाले घर केंद्र और त्रिकोण घरों से जुड़े हुए हैं.

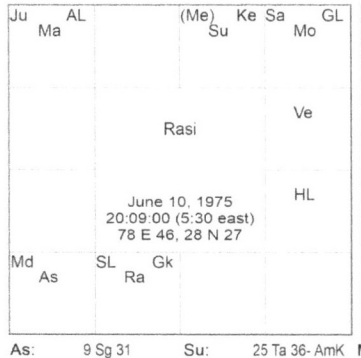
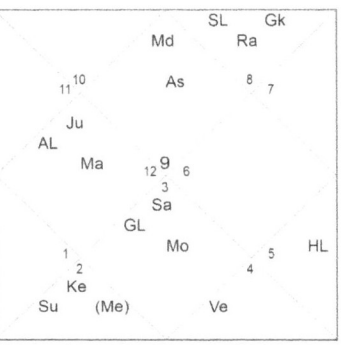

As:	9 Sg 31	Su:	25 Ta 36- AmK	Mo:	6 Ge 06- DK	Ma:	21 Pi 36- PK
Me (R):	25 Ta 50- AK	Ju:	24 Pi 59- BK	Ve:	10 Cn 45- GK	Sa:	24 Ge 35- MK
Ra:	6 Sc 35	Ke:	6 Ta 35	HL:	18 Le 58	GL:	24 Ge 54

शुक्र लग्न

आइए देखते हैं शुक्र लग्न के माध्यम से

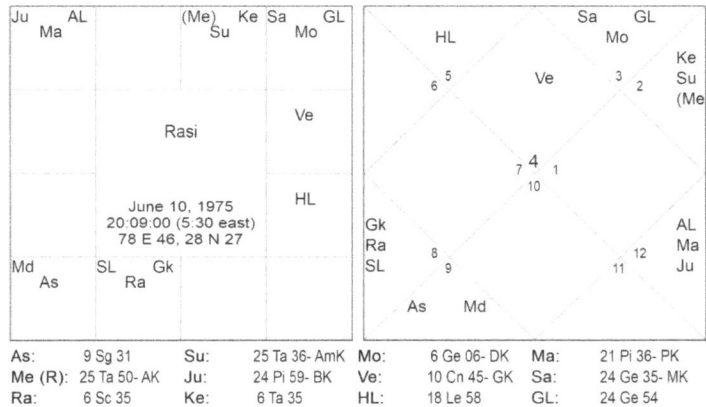

As:	9 Sg 31	Su:	25 Ta 36- AmK	Mo:	6 Ge 06- DK	Ma:	21 Pi 36- PK
Me (R):	25 Ta 50- AK	Ju:	24 Pi 59- BK	Ve:	10 Cn 45- GK	Sa:	24 Ge 35- MK
Ra:	6 Sc 35	Ke:	6 Ta 35	HL:	18 Le 58	GL:	24 Ge 54

यदि हम शुक्र को लग्न बनाते हैं तो देखते हैं कि गुरु, शुक्र से नवम भाव में है।

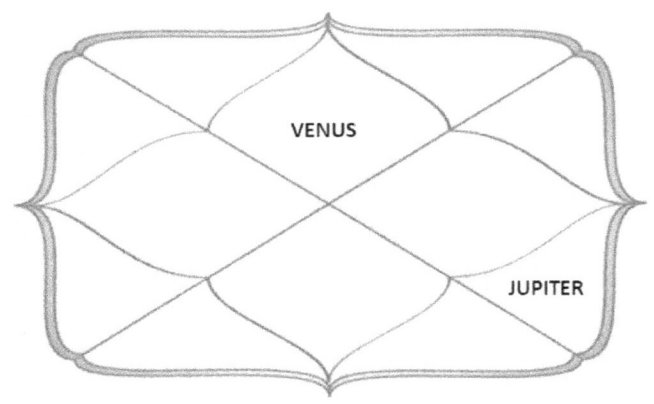

मंगल, शुक्र से नौवें भाव में है।

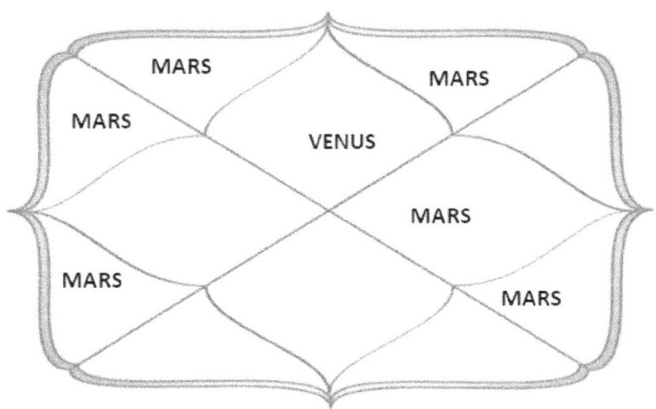

बुध, शुक्र से 11वें भाव में है।

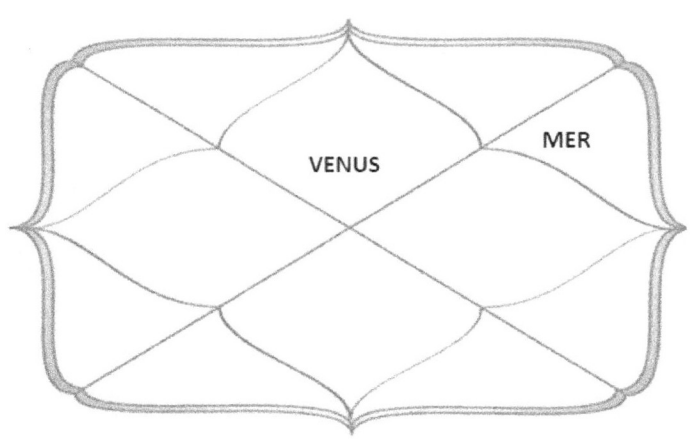

पाठ्यक्रम और परामर्श

आपको मेरी पिछली भविष्यवाणियों की उच्चतम संख्या मिलेगी मेरी वेबसाइट पे, फेसबुक प्रोफाइल प(व्हाट्सएप चैट ट्रांसक्रिप्ट) पर लिखित प्रारूप में **90 प्रतिशत सटीकता** के साथ दी गई है।

आप निम्नलिखित पाठ्यक्रमों में दाखिला ले सकते हैं:

1. **लाल किताब** के माध्यम से लंबित कर्म पाठ को पूर्ण करें जिससे सभी घरों में सभी ग्रहों की स्थिति का पता चलेगा और उसकी **रिकॉर्डिंग मेरी वेबसाइट** पर उपलब्ध है: https://www.kaalhasthiastrologer.com

2. जीवन की प्रमुख घटनाओं के समय के साथ **अग्रिम भविष्यवाणी ज्योतिष**, और आप इस पाठ्यक्रम की **रिकॉर्डिंग** भी खरीद सकते हैं।

3. वेद और पुराणों से नक्षत्र और पौराणिक कथाओं के साथ **चिकित्सा ज्योतिष।**

4. नक्षत्र पाठ्यक्रम

5. प्रश्न पर पाठ्यक्रम

6. **आचार्य उपाधि प्रमाणन** - उन छात्रों के लिए जो भविष्यफल ज्योतिष और चिकित्सा ज्योतिष हमारे साथ करते हैं।

आप अपना परामर्श सीधे वेबसाइट से बुक कर सकते हैं या आप मुझे व्हाट्सएप कर सकते हैं।

जूम पर विगत जीवन जन्म प्रतिगमन सत्र - एस. प्रकाश द्वारा

मुझसे संपर्क करें

Website

Https://www.kaalhasthiastrologer.com

Facebook

https://m.facebook.com/pages/category/
Astrologist---Psychic/KaalHasthi-Astrologer-Mr-S-
Prakash-569188060151088/

YouTube channel

CosmicKrishna

https://www.youtube.com/channel/
UCFObfsKxwkMV-TRk9fbDI2g

Kaalhasthi Astrologer

https://www.youtube.com/channel/
UChpciOopLGePnsiDl3uxyuA

Instagram

https://www.instagram.com/kaalhasthi/

Twitter

https://twitter.com/kaalhasthi?s=08

Linkedin

https://www.linkedin.com/in/kaalhasthi-
astrologer-54b75a192

Email ID

kaalhasthi@gmail.com

Telephone

+91 9606873053
+91 9999345603

Milton Keynes UK
Ingram Content Group UK Ltd.
UKHW010936280823
427620UK00001B/23

9 798889 596844